Jessica Wilker

Das Einmaleins der besten Jahre

Jessica Wilker

Das Einmaleins der besten Jahre

Mit Achtsamkeit das Älterwerden genießen

HERDER

FREIBURG · BASEL · WIEN

Inhalt

Die besten Jahre
Was dich in
diesem Buch erwartet
und was nicht

I

Gratulation – den ersten Schritt zu mehr Genuss beim Älterwerden hast du eben getan: Du willst etwas über die Freuden der besten Jahre erfahren und herausfinden, was du tun kannst, um sie wahrzunehmen. Prima – genau an solche Leser und Leserinnen richte ich mich mit meinem Buch. An Menschen wie dich, die das Beste aus ihrer Lage machen wollen, die lieber handeln statt lamentieren.

Welches Alter du hast, wenn du mein Buch liest, fällt nicht groß ins Gewicht. Es gibt keine Altersgrenze, um von der Lektüre zu profitieren. Älterwerden gehört ja auch zu deinem Leben. Wir alle altern ständig. Von Geburt an, Jahr um Jahr, Tag für Tag, mit jedem Atemzug – bis uns auf einmal das Alter einholt. Dich natürlich auch. Stehst du noch nicht dort, könntest du die Auseinandersetzung mit dem Älterwerden sozusagen als »Altersvorsorge« verbuchen.

Für diejenigen Leser und Leserinnen, die tatsächlich in den besten Jahren sind, sieht die Lage etwas anders aus. Die

»Vorsorge« wandelt sich zur »Sorge«. Uns dämmert, dass unser weißes Haar im Schopf dem gelben Blatt im Baum gleicht: Es ist die Signatur des Herbstes. Der Winter kündigt sich an, der Sommer ist vorbei. Anders jedoch als im Zyklus der Jahreszeiten, wo es wieder Frühling wird, ist unsere Jugend für immer vorbei. Das ist wahrscheinlich der Moment, in dem wir übers Alter nachzudenken beginnen. Ein guter Moment. Es lässt sich nicht länger übersehen, dass das menschliche Dasein vergänglich ist und unsere Lebensreise unweigerlich zum Tod führt. Die Zukunft schrumpft, unsere Tage sind gezählt. Noch aber, liebe Leser und Leserinnen, liegen wir nicht auf dem Totenbett. Noch vermögen wir unsere Zukunft zu gestalten; nach wie vor haben wir die Chance, freier zu werden, es anders zu machen. Nichts wie los, sage ich.

Bring deinen inneren Haushalt jetzt in Ordnung. Lass jetzt los, was dir nicht guttut. Konzentriere dich auf das, was dir wirklich wichtig ist. Schätze deine Person und sei, wie du bist. Lockere deinen Griff, atme aus, entspanne dich. Auf dich wartet der Genuss der Privilegien, die du gewinnst, wenn du nicht mehr jung bist.

II

Falls du nun etwas enttäuscht bist, da du erwartet hast, in diesem Buch Anti-Aging-Tipps vorzufinden statt Aufforderungen zur inneren Wandlung, muss ich dich frustrieren. Du wirst keine Ratschläge erhalten, wie das Alter hinauszuzögern sei, um deine Jugendlichkeit zu erhalten.

Im *Einmaleins der besten Jahre* vertrete ich nicht die Ansicht, die Jugend sei die beste Zeit des Lebens und von da an gehe es bergab. Oh nein! Keineswegs wird unsere zweite Lebenshälfte immer fader und läutet das Ende aller Träume und Abenteuer ein.

Ich sehe uns am Beginn einer neuen Lebensphase stehen. Wir sind gespannt auf die Entdeckungen, die uns erwarten. Wir fühlen uns gut, genau so alt, wie wir sind. Wir sind nicht weniger wert, nur weil wir Runzeln und graue Haare haben. Wir sind keineswegs unwichtig, auch wenn wir nicht länger in die Arbeitswelt eingebunden sind. Wir sind davon überzeugt, dass jede Lebensphase ihren eigenen Wert besitzt, und haben im Sinn, das Beste aus unserer letzten zu machen.

III

Wie nachdrücklich ich mich auch für ein »Pro-Aging« einsetze, mache ich meinen Lesern trotzdem nichts vor. Ich behaupte keineswegs, Älterwerden heiße ausschließlich

Freude und Sonnenschein. Schönfärben ist nicht mein Stil. Nennen wir es also beim Namen: Das Älterwerden ist oft kein Honigschlecken. Unsere Energie und Kraft nehmen ab, unser Leistungsvermögen wird geringer. Unser Körper zwickt und zwackt. Von A bis Z zeigt er Abnützungserscheinungen – von der Atmung bis zur Blase, vom Blutdruck, dem Herz, den Knochen und dem Kreislauf bis zu den Gelenken und der Verdauung.

Falls du, lieber Leser, liebe Leserin, dies zu morbide oder deprimierend findest, wirst du an dieser Stelle das Buch vielleicht zuklappen. Bevor du das jedoch tust, lass mich dir eins versichern: Wenn ich darauf aufmerksam mache, dass deine Zeit und deine Kräfte endlich sind, will ich dich damit nicht entmutigen, sondern im Gegenteil ermuntern. Ich vertrete die Meinung, dass sich aus jeder Lage das Beste machen lässt. Ich argumentiere, dass der Blick auf die Vergänglichkeit motivieren und Mut machen kann. Gerade weil unsere Zukunft schrumpft, gerade weil sie beschränkt ist, wird die Gegenwart umso kostbarer, und sie gut zu nutzen umso wichtiger.

Darum dreht sich mein Buch um deine Lebensfreude. Falls du also doch weiterlesen magst, wirst du feststellen, dass ich dir deine Chancen für ein genussreiches Älterwerden schmackhaft mache.

IV

Das *Einmaleins der besten Jahre* erachtet Wunschdenken und eine Vogel-Strauß-Politik als unwirksame Strategien und setzt auf wertfreies Hinschauen. Darum lässt es sich von der Achtsamkeit lenken. Ihr Blick zieht alles gleichermaßen mit ein: das Schöne wie das Schwierige, die offensichtlichen Stärken wie die blinden Flecken.

Auch wenn sich dies vielleicht nicht immer gut anfühlt und dich herausfordert, wirst du davon profitieren, das kann ich dir versichern. Die Unbestechlichkeit der Achtsamkeit hilft dir nämlich, die Realität und deine persönlichen Werturteile voneinander zu unterscheiden. Das ermöglicht es dir, die Dinge nicht mehr persönlich nehmen zu müssen, und es erleichtert dir das Loslassen. Es gibt nichts zu bereuen oder zu verpassen. Du wirst zufriedener und entspannter, authentischer und toleranter. So schaffst du dir die besten Voraussetzungen, um deinen Lebensabend zu meistern und zu genießen.

1. Was du brauchst, um die Freuden des Alters zu genießen

Im ersten Teil dieses Buches geht es darum, sicherzustellen, dass du von den Schätzen, die das Älterwerden dir bietet, tatsächlich profitieren kannst. Schritt für Schritt werde ich dir diejenigen geistigen Haltungen und inneren Einstellungen vorstellen, mit deren Hilfe sich die Vorteile des Alters nutzen lassen. Sie sind sozusagen die Werkzeuge, mit denen du den Schlüssel zur »Schatzkiste des Alters« schmieden kannst.

Ich werde dich darauf aufmerksam machen, wo du dir möglicherweise selber im Wege stehst, und wir werden besprechen, wo es sich lohnt, sich einzusetzen, und was es zu ändern gilt. Je vertrauter die einzelnen »Werkzeuge« dir werden, desto einfacher wird es dir fallen, die Gunst der Stunde effektiv wahrzunehmen, die Schatzkiste zu öffnen und ihren schillernden Schatz zu heben.

Sichtwechsel und neues Drehbuch

Zum Auftakt möchte ich deine Aufmerksamkeit auf ein fundamentales Prinzip richten – und zwar anhand einer Redewendung, die du bestimmt schon gehört hast: »Das Glas ist halb voll.« »Das Glas ist halb leer.« Diese Redensart wird üblicherweise zur Veranschaulichung von Optimusmus und Pessimismus benutzt. Menschen mit pessimistischer Haltung fokussieren auf das Fehlende und sehen das

Glas halb leer. Optimisten sehen es halb voll und freuen sich über das Vorhandene. Zwei Wahrnehmungen und zwei Reaktionen, die unterschiedlicher kaum sein könnten. Und doch basieren sie auf dem genau Gleichen: Der Blick auf das Glas ist in beiden Fällen subjektiv gefärbt. Objektiv ist das Glas einfach zur einen Hälfte mit Flüssigkeit, zur anderen mit Luft gefüllt. Es sind die Betrachtenden, die dies als Mangel oder als Gewinn beurteilen.

Subjektive Wahrnehmungen sind nicht ausschließlich Optimisten und Pessimisten eigen. Wir alle bewerten Tatsachen unserem Temperament gemäß und werden dabei von unseren Vorlieben und Abneigungen geleitet. Was uns begegnet, empfinden wir als schön, hässlich, wichtig, unnötig, erstrebenswert, zu klein, zu groß, zu wenig, zu viel, und dementsprechend bewerten wir es. Alles ganz normal. Wir Menschen funktionieren eben so.

Das heißt nun aber nicht, dass wir unsere Wertungen als den einzig gültigen Standard setzen sollten. Im Gegenteil! Wir sollten unsere Meinung auf keinen Fall als allgemeingültig behandeln. Sie spiegelt nicht die universale Wirklichkeit, sondern einzig unsere persönliche Empfindung und Ansicht wider.

Es gilt, auf der Hut zu sein. Reagieren und handeln wir nämlich aus einer Bewertung heraus, führt das viel zu oft zu unschönen Resultaten. Denken wir zum Beispiel an Ansichten, die andere Menschen abwerten: »Ich finde deine

Hautfarbe, dein Geschlecht, deine Herkunft minderwertig.« Unterdrückung, Ausbeutung, Mord und Krieg sind die Folgen solcher Haltungen.

Ein extremes Beispiel, das gebe ich zu. Ich will dir damit aber ans Herz legen, dass eine Verwechslung von Sichtweise und Situation wirklich keine Lappalie darstellt. Wenn die Abwesenheit von Objektivität auch nicht gerade zu Mord und Totschlag führen muss, kann sie deinen Alltag doch auf vielfache Weise belasten.

Hegst du zum Beispiel unrealistische Vorstellungen von deiner eigenen Person, legst du dir ständig selber Steine in den Weg. Wie dies in Bezug auf das Älterwerden aussehen kann, will ich dir als Nächstes mit einer Episode aus meinem Lebensalltag illustrieren.

Meine um zehn Jahre ältere Freundin und ich befinden uns auf dem Bahnsteig, jede mit ihrem Koffer. Wir sind auf der letzten Etappe unserer Städtereise, schon etwas müde und froh, denn es gibt nur noch eine letzte Fahrt zu überstehen. Unser Zug fährt pünktlich ein, die Reisenden drängen sich vor die Türen. Ein junger Mann bietet meiner Freundin an, ihren Koffer zu tragen. Erleichtert akzeptiert sie sein Angebot. Der junge Mann nimmt den Koffer zur Hand, und beide verschwinden im Zug. Ich, die ich stolz darauf bin, dass ich im Vergleich zu meiner Freundin mehr Körperkraft besitze – ein Beweis, dass ich jünger bin als sie –, hieve mein eigenes Gepäck mit einiger Mühe in den

Zug. Die Stufen sind so hoch, dass ich den Koffer auf jedem Tritt abstellen muss, während die Menge hinter mir drängelt. Schwer atmend betrete ich unser Abteil, wo der junge Mann den Koffer meiner Freundin im Gepäckfach über den Sitzen verstaut hat und sich eben verabschiedet. Er dreht sich zu mir um und fragt: »Soll ich Ihren Koffer auch versorgen?« »Nein danke«, antworte ich ziemlich schroff. Ich bin beleidigt. Meint der etwa, er könne mich wie eine alte Dame behandeln! Ich bin schließlich jünger und kräftiger als meine Freundin, keine hilflose Alte – und überhaupt: »Selbst ist die Frau.« Gesagt – getan. Ich packe meinen Koffer mit einem Dem-zeige-ich's-Schwung und hieve ihn mit beiden Armen hoch. Aua! Ein Schmerz sticht in meine Schulter. Beinahe muss ich den Griff loslassen. Mit letzter Kraft gelingt es mir, den Koffer auf das Gestell zu schieben. Dann lasse ich mich auf den Sitz fallen.

»Wie erfreulich«, schwärmt meine Freundin, »es gibt so hilfsbereite junge Leute.« Der Seufzer, mit dem sie sich bequem in ihren Sitz schmiegt, ist voller Befriedigung. Der Seufzer, der mir entfährt, ist voller Schmerz: Meine Schulter tut wirklich verdammt weh.

Ein beglückendes Erlebnis für meine Freundin, Schmerzen für mich. Völlig unnötige Schmerzen zudem! Eigentlich wäre mir nichts im Wege gestanden, mich ebenfalls beglückt zu fühlen. Nichts, außer ich selber.

Indem ich die Situation als persönliche Beleidigung interpretierte und mich an das Image der fit gebliebenen Jüngeren klammerte, reagierte ich auf eine Weise, die mir schlussendlich schadete. Es hätte mir besser gedient, hätte ich genauer hingeblickt und überprüft, ob meine Sichtweise der Realität entspricht oder nicht. Dabei hätte ich feststellen können, dass mein Bild von der kräftig gebliebenen selbständigen Frau revisionsbedürftig ist, ja eher ein Wunschtraum als eine Realität darstellt. Ich hätte auch realisieren können, dass Hilfe annehmen nicht mit Hilflosigkeit gleichzusetzen ist.

Ich bin natürlich nicht die Einzige, die sich selber als dies und jenes sieht, die Ansichten folgt, die überholt und unangemessen sind. Wir alle haben ein inneres Bild von unserer Person. In meinem Fall war »Ich brauche keine Hilfe von einem Mann« das Selbstbild, an das ich mich hielt. »Selbst ist die Frau« war der Slogan der inneren Stimme, die mich zum Aufrechterhalten dieses Bildes aufrief. Wie absurd aber, dass ich mir innerlich immer noch das Gleiche sagte wie der zwanzigjährigen jungen Frau, die gerade eben den Feminismus entdeckt hatte. Damals brauchte ich ein kämpferisches Skript, um mich zu befreien, ein Drehbuch, in dem ich die Abhängigkeit von Männern infrage stellte und mir meine Freiheit erkämpfte. Heute aber war ich eine ältere und selbstbewusste Dame. Mein inneres Drehbuch und die Realität stimmten nicht mehr überein. Mein Skript weiterhin zu verfechten, war nicht nur absurd: Es tat mir offensichtlich nicht gut.

Eine Identität zu pflegen, die mit den Lebensumständen nicht übereinstimmt, ist nie zu empfehlen. Gerade beim Älterwerden, wo unsere gewohnten Selbstbilder gezwungenermaßen zu bröckeln beginnen und unser Lebensdrehbuch ungewollte Wendungen nehmen kann, sind Schwierigkeiten garantiert. Verwechseln wir Wunsch und Wirklichkeit, ernten wir eine Menge Stress, Ärger und Enttäuschungen.

Und wer, lieber Leser und liebe Leserin, will sich das nicht ersparen? Wieso also ärgern wir uns über ein halbleeres Glas, wenn wir uns über ein halbvolles freuen könnten? Wir sind diejenigen, die eine Interpretation vornehmen. So können wir sie auch ändern. Problem gelöst! So leicht ist das.

Fang doch einfach an. Nimm deine Meinungen unter die Lupe und prüfe sie. Wie blickst du auf dich und die Welt? Bist du diejenige, für die du dich hältst? Bist du derjenige, der du zu sein glaubst? Welche unnötigen Ansichten schleppst du mit dir herum? Wo stimmt dein Drehbuch nicht mehr mit deiner Wirklichkeit überein?

Selbstbilder überprüfen

Um dich beim Überprüfen deiner Selbstbilder zu unterstützen, will ich als Nächstes aufzeigen, wie sie entstehen und wie sie sich wertfrei erkennen lassen.

Zur Einstimmung ins Thema stelle ich dir die folgende Frage: »Wie würdest du dich selbst beschreiben?« – »Ich bin das und das von Beruf«, würdest du vielleicht sagen oder: »Ich bin verheiratet und Vater von zwei Kindern«. Möglicherweise würdest du dein körperliches Aussehen beschreiben und eventuell deine charakterlichen Eigenschaften ebenfalls erwähnen. Was du magst oder nicht, könnte auch Bestandteil deiner Beschreibung sein: »Ich bin ein Naturmensch. Ich bin fußballverrückt. Ich hasse kaltes Wasser und liebe klassische Musik.«

Ein Selbstbild ist stets facettenreich, nicht wahr? Es beinhaltet unser Aussehen, unsere Rolle oder unseren Status in der Gesellschaft und in der Familie, bis hin zu unserem Charakter, unseren Talenten und Fähigkeiten, unseren Stärken und Schwächen, unseren Vorlieben und Abneigungen. Zudem unterliegt es im Laufe unseres Lebens diversen Wandlungen. Das Leben steht ja nie still, und wir tun das auch nicht. Prosaische Feststellungen, die dir bestimmt geläufig sind. Jeder und jede von uns macht sich nun mal eine Vorstellung von sich und der eigenen Position in der Welt. Alles ganz normal.

Die für uns interessante Frage ist diejenige nach dem Nutzen oder Schaden unserer Selbstbilder. Geben die Vorstellungen, die wir von unserer Person hegen, uns Sicherheit und Halt beim Älterwerden oder ziehen sie uns den Teppich unter den Füßen weg? Welche Identifikationen erleichtern uns das Altern, welche erschweren es? Um darauf Antworten zu finden, lasst uns den Blick rückwärts richten und die Entstehung und Entwicklung von Selbstbildern untersuchen.

Eine Rückschau ist hilfreich, weil Selbstbilder uns allzu häufig unbewusst steuern. Werden wir ihrer jedoch bewusst, indem wir ihren Ursprung und ihre Wirkungsweise aufdecken, können wir die Zügel selbst in die Hand nehmen. Sind wir einmal am Steuer, vermögen wir Identitäten, die uns schlecht dienen, zu ändern.

> *»Manche Hähne glauben, die Sonne gehe*
> *ihretwegen auf.« (Uli Löchner)*

Ich möchte die Entstehungsgeschichte von Selbstbildern mit zwei Beispielen dokumentieren. Das erste stammt aus meinem eigenen Leben und beschreibt meine Begegnungen mit einem Jungen namens Otto. Als ich ungefähr zehn Jahre alt war, zog Otto mit seinen Eltern und seiner Schwester ins Nachbarhaus. Er und mein Bruder freundeten sich an, seine Schwester besuchte meine Klasse, und so ergaben sich gemeinsame Spielnachmittage. Mal kamen die Geschwister zu uns, mal gingen wir zu ihnen.

Obschon alles schon lange her ist, habe ich doch den ersten Besuch bei Otto nie vergessen. Ich sehe uns im Garten spielen, sehe, wie Ottos Mutter uns Limonade bringt, und höre Otto lauthals verkünden. »Das ist die falsche. Ich will Himbeere, nicht Erdbeere. Das weißt du doch.« Ich traue meinen Ohren nicht, als seine Mutter erwidert: »Natürlich, Liebling, wie konnte ich das vergessen.« Sie verschwindet in die Küche, um Otto die »richtige« zu bringen.

Ich war tief beeindruckt und sehr neidisch auf Ottos magische Macht über die Erwachsenen. In meiner Familie befahlen die Eltern den Kindern, nicht umgekehrt. Wurde uns etwas serviert, gab es keine Wunschfreiheit, sogar der verhasste Spinat musste gegessen werden. Otto wurde mein Held; jedoch nicht für lange, sein Starstatus bröckelte rasch ab. Es war einfach nicht lustig, mit ihm zu spielen. Stets wollte er die Regeln bestimmen, immer wusste er alles besser; und wenn wir mal nicht gehorchten, wurde er wütend und blies das Spiel ab. »Otto ist blöd«, erklärte ich meiner Mutter, »mit dem will ich nicht mehr spielen.« »Und seine Mutter«, fuhr ich mit meiner Tirade fort, »ist auch blöd. Immer gibt sie Otto recht. Gestern zog er mich an den Zöpfen und dann schubste ich ihn. Die Mutter sagte, jetzt müsse ich ‚Exgüse' sagen, aber er nicht.« Meine Mutter stimmte mir zu, dass das unfair gewesen war, und sie versuchte mir zu erklären, dass Ottos Mutter ihn wahrscheinlich verwöhne und ihm das in den Kopf steige. »Keine gute Pädagogik, das Kind zum Augapfel der Eltern zu machen«, erklärte sie. Ich konnte mir keinen Reim auf einen Apfel machen, der ein Auge war, Hauptsache, ich musste nicht mehr mit Otto spielen. Mein Vater, der weniger diplomatisch war als meine Mutter, nannte Otto ein »verwöhntes Bubi« und »einen besserwisserischen Dummkopf«. Ich fand diese frechen Wörter toll und fühlte mich gerächt. Danach spielte Otto keine Rolle mehr in meinem Mädchendasein.

Die Geschichte ist jedoch noch nicht zu Ende, sie nahm ihren Fortgang ungefähr dreißig Jahre später. Schauplatz war eine Fachtagung, an der ich beruflich teilnahm. Wir wurden in Kleingruppen aufgeteilt, um eine Lösung für ein bestimmtes Problem auszuarbeiten. Die Reihe kam an mich: »Meiner Meinung nach«, begann ich, »müssen erstmal die Wurzeln des Problems untersucht werden, sonst machen wir Symptombekämpfung, und das ...« »Reine Zeitverschwendung«, wurde ich mitten im Satz unterbrochen. Der Mann mit dem modisch geschnittenen Schnauz erklärte, wieso mein Ansatz unpraktisch sei, und beschrieb seine eigene Lösung. Hitze stieg mir in den Kopf. Das musste ich mir nicht bieten lassen. Ich nahm einen tiefen Atemzug, um mich etwas zu beruhigen, und spähte auf sein Namensschild. Otto – der Besserwisser hieß Otto. Moment mal? Das darf doch nicht wahr sein! Aber tatsächlich, jetzt, wo ich es wusste, konnte ich die Gesichtszüge des Jungen unter dem Schnauz erahnen. Nun bremste mich nichts mehr: »Otto«, unterbrach ich ihn mitten im Satz, »ich war noch nicht zu Ende mit meinem Beitrag.«

Ich mied Otto in der Mittagspause und gab mich nicht zu erkennen. Indessen folgte ich interessiert dem Getratsche und erfuhr, dass Otto in seiner Abteilung nicht sehr beliebt war und im Privaten schon zwei Scheidungen hinter sich hatte. Kein Wunder.

Ich habe diesen Vorfall nie vergessen, er ist mein Paradebeispiel dafür, wie in der Kindheit gefasste Selbstbilder im Erwachsenenleben weiterwirken. Der Augapfel der Mutter zu sein und von ihr verwöhnt zu werden brachten den erwachsenen Otto dazu, sich nach wie vor als das »Gelbe vom Ei« zu sehen.

Natürlich hat er diese Überbewertung nicht freiwillig gewählt. Er war ja als Kind stets im Glauben belassen worden, dass jede seiner Fähigkeiten eine solch hohe Qualität habe, dass er eine Sonderbehandlung verdiene. Die Schuld für sein übertriebenes Selbstwertgefühl kann ihm also nicht in die Schuhe geschoben werden. Noch seiner Mutter – wer weiß, welches Selbstbild sie durch ihr »Wunderkind« kompensieren musste. Es ist mir auch nicht bekannt, was Otto opfern musste, um der Mutter ein perfekter Sohn zu sein.

Doch das Prinzip steht fest und wird mit Ottos Beispiel demonstriert: Die ursprüngliche Fremdbewertung mutiert zum Selbstbild, das sich tief in uns verankert und das wir oft unbewusst und ungefragt über die Jahre hinweg weitertragen. Wir haben vergessen, woher es kommt, und glauben ihm blindlings. Uns von ihm führen zu lassen, bringt oft ungute Folgen mit sich.

So ließen Ottos übertriebene Selbsteinschätzung und die Überbewertung seiner Qualitäten ihn zu einem irritierenden Mitmenschen werden, der weder im Beruf noch im Privaten wirklich geschätzt wird. Eigentlich bemitleidenswert, nicht wahr? Und doch, das Mitgefühl kann ihm nicht uneingeschränkt geschenkt werden. Als Erwachsene liegt es nämlich in unserer Macht, unsere Identität einer Prüfung zu unterziehen und, wenn nötig, anzupassen. Es ist ziemlich absurd, das Argument »Meine Mutter ist schuld« ins Feld zu führen, jetzt, wo wir unser Schicksal selbst in der Hand haben. Gerade dann, wenn unser Selbstbild, wie in Ottos Fall, uns mit der Mitwelt ständig auf Kollisionskurs bringt, haben wir eigentlich keine Ausrede mehr. Glaubt Otto einfach weiterhin blindlings daran, sein Größenwahn sei die Wahrheit, und fährt er fort, anderen die Schuld für die Streitigkeiten zuzuschieben, in die er immer wieder gerät, liegt einem ein »selber schuld« auf der Zunge.

*» Wenn ein Fisch sich danach bewertet,
ob er auf einen Baum klettern kann,
lebt er sein ganzes Leben im Glauben,
er wäre dumm.« (Albert Einstein zugeschrieben)*

Ich hoffe dir mit Ottos Beispiel deutlich gemacht zu haben, dass unangemessene Selbstbilder potenzielle Stolpersteine darstellen und ihre Wirkungen nicht zu unterschätzen sind. Im Fall von Otto könnte man sagen, er sei mit seiner Selbstüberschätzung recht gut davongekommen. Unter anderen Umständen aber, vor allem bei Selbstunterschätzungen, ergeben sich gravierendere Konsequenzen.

Selbstabwertungen lassen Menschen in tiefe Depressionen stürzen, sie geraten von einer gewalttätigen Beziehung in die andere, werden drogenabhängig, versuchen sogar, Selbstmord zu begehen. Ich übertreibe nicht, das versichere ich dir. Es ist nun mal so: Wie immer wir in der Kindheit bewertet werden, prägt uns und hat eine lange Wirkungszeit, es geht uns sozusagen in Fleisch und Blut über.

Du und ich, wir alle beginnen unser Leben in Abhängigkeit von anderen Menschen, und unser Überleben hängt vollständig von ihnen ab. Um unsere Existenz zu sichern, müssen wir uns anpassen und alles tun, was man von uns verlangt. Haben wir zum Beispiel Eltern, die es schlecht ertragen, wenn wir bei Schmerzen weinen, und uns vorwerfen, nicht tapfer genug zu sein, verkneifen wir uns die Tränen, um uns ihrer Aufmerksamkeit und Liebe zu versichern. Ungefragt übernehmen wir ihre Bewertung: »Weinen ist schlecht, tapfer sein ist gut.« Eine Überlebenstaktik, die in unterschiedlicher Form von uns allen angewendet wird. Auf diese Weise bauen wir, Wertung um Wertung, unser Selbstbild auf. Wir verinnerlichen alle Ideale, die zu erreichen uns Zuwendung brachten. Sie bestimmen nun das Drehbuch der Lebensart, die wir anstreben. Doch was uns als Kind zum Überleben gedient hat, steht uns als Erwachsenen oft im Weg. Wir leben mit einem falschen Selbstbild, sozusagen mit einer Lüge. Wir haben vergessen, dass wir die Bewertungen nur übernommen haben; vergessen, wer wir wirklich sind. Kein Wunder, dass viele Menschen von den Selbstbildern, die sie einmal retteten, später gebremst und gequält werden. Wie das aussehen kann, will ich dir mit einem weiteren Beispiel demonstrieren.

Esther hatte sich angeboten, mir für mein Buchprojekt ihre Geschichte zu schildern. Wir saßen an ihrem Gartentisch in der Sonne, ich hatte ihr ein Mikrophon an die Bluse gesteckt und stellte das Aufnahmegerät an.

»Ich war das Jüngste von drei Mädchen«, begann sie zu erzählen. »Meine Eltern waren Akademiker, sogar meine Mutter, was damals etwas Besonderes war. Intellekt,

Lernen und Bildung hatten einen hohen Stellenwert in unserer Familie. Wir Mädchen wurden angehalten, viel zu lesen, in der Schule gute Noten zu bekommen und uns in der Freizeit weiterzubilden. Meine älteste Schwester schlug dem Vater nach, sie war gut im Rechnen und in Naturkunde. Die Mittlere war sprachbegabt wie meine Mutter. Ich aber war keine Intellektuelle. Ich war eine Träumerin, hatte eine große Einbildungskraft und las gerne, vor allem Abenteuerbücher, in denen ich mich verlieren konnte.

Bücher solcher Art wurden bei uns als ›Ramsch‹ eingestuft. ›Lies endlich mal etwas Anständiges‹, warf mir meine Mutter vor. Die ›guten‹ Bücher, die sie mir schenkte, ließ ich jedoch ungelesen liegen und fuhr mit der Lektüre der Ramschbücher fort, tat es jetzt aber heimlich.

Je länger, desto deutlicher wurde mir, dass ich dumm war und daran selber schuld. Beweise dafür bekam ich oft genug: Meine Schulzeugnisse enthielten ungenügende Noten. Meine Schwestern kamen prüfungslos ins Gymnasium, bei mir reichte es nicht, und ich musste zur Prüfung antreten. Ich war eben ungebildet, las Ramsch, statt mich für Wertvolles zu interessieren. Was auch immer ich unternahm, ich enttäuschte meine Eltern.«

An dem Punkt unterbrach ich Esther mit einem empörten »Quatsch! Sie wurden dir nicht gerecht mit ihren überzogenen Erwartungen. Dich trifft keine Schuld.«

»Das weiß ich heute auch«, lächelte Esther. »Aber als Kind war mir klar, dass ich dumm war und deshalb eine Enttäuschung. Ich wusste, dass aus mir nichts werden würde. Als ich in die Pubertät kam, gab ich jegliche Anstrengung auf. Für was auch? Nichts, was ich tat, war gut genug, also ließ ich es ganz sein. Ich verschlang Liebesromane am Laufmeter und machte keine Schulaufgaben mehr. Meine Noten litten, das Zeugnis war ungenügend, meine Versetzung gefährdet. Wenn schon, denn schon!« Edith lachte. »Ich versagte mit Bravour! Das war meine Art von Rebellion. Passiv aggressiv nennt man das, oder?«

»Genau, eine wirkungsvolle Methode. Und deine Eltern? Wie reagierten sie? Bestraften sie dich?«

»Nein, sie schickten mich in die Erziehungsberatung – und das war meine Rettung. Die Psychologin nahm mich ernst, sie ließ mich ausreden und schenkte mir Zeit, um meine Gedanken zu formulieren. Das half etwas, aber die eigentliche Wendung kam, als sie mir auftrug, mit einer Knetmasse meine Familie darzustellen. Das Kneten war himmlisch, meine Finger schienen genau zu wissen, wo zu drücken war, um einen Körper aus dem Klumpen hervortreten zu lassen. Schließlich lud die Erziehungsberaterin meine Eltern zu einem Gespräch ein und riet ihnen, mein künstlerisches Geschick zu fördern.«

»Und? Wurde es von da an besser für dich?«

»Auf gewisse Weise. Es wurde beschlossen, mich aus dem Gymnasium zu nehmen und mich in einer Kunstgewerbeschule anzumelden. Das war eine Riesenerleichterung für mich. Aber der elterliche Maßstab hatte sich nicht geändert. ›Unsere Jüngste ist nicht die Klügste‹, hieß es nun, ›dafür künstlerisch begabt‹.«

Esther seufzte. »In meinen eigenen Augen war und blieb ich dumm. Nach wie vor vermied ich es, meine Meinung kundzutun, da ich ja sowieso zu wenig wusste. Ich fühlte mich den anderen Schülern unterlegen und idealisierte diejenigen, die sich gut ausdrücken konnten.«

»Aber du hast mit einer Auszeichnung abgeschlossen und wurdest eine bekannte Bildhauerin, so schlimm kann es also nicht gewesen sein mit deinem Selbstbewusstsein«, wagte ich einzuwerfen.

»Du bist gut«, lachte Esther. »Aber ich muss dich enttäuschen. Trotz meinem Erfolg war ich ständig am Beweisen oder am Versagen. Hinter jedem Lob, das ich erhielt, stand meine Angst, ertappt zu werden als die, die ich wirklich war – unfähig und dumm. Es brauchte den Ausbruch einer Depression, bis ich mich der Tatsache stellte, dass ich eigentlich gar nicht wusste, wer ich wirklich war. Eine Therapie half mir, den Ursprung meiner Selbstabwertung zu identifizieren, und Schritt für Schritt begann ich, meine eigentlichen Fähigkeiten und Vorlieben anzuerkennen. Darum kann ich jetzt überhaupt mit dir darüber reden.«

»Und dein künstlerisches Geschick und deinen Erfolg annehmen?«

»Genau – heute weiß ich um meinen Wert.«

»Ich auch – deine Kunst kostet so viel, dass ich sie mir nicht leisten kann.«

Wir grinsten einander an.

Esthers Geschichte demonstriert auf eindrückliche Weise, wie die Art, in der wir uns selbst einschätzen und bewerten, sich auf unser Erleben und Handeln auswirkt. In ihrem Fall führte die Selbstabwertung zur Depression. So weit muss es natürlich nicht kommen. Ich wollte dir einfach ins Bewusstsein bringen, dass es umso problematischer wird, je weiter die Person, die du bist, von der entfernt ist, die du sein zu müssen glaubst.

> *»Du kannst nicht zurückgehen und den Anfang ändern, aber du kannst dort anfangen, wo du bist, und das Ende ändern.« (Nach James R. Sherman)*

In der Kindheit gefasste Identitäten werfen lange Schatten. Unangemessene Selbstbilder können schwer belasten – das wurde uns deutlich. Lass mich aber gleich anfügen, dass dies kein Grund zur Verzweiflung ist. Können wir auch unsere Kindheitserfahrungen nicht ändern, steht es uns offen, unseren Lebensabend anders zu gestalten. Wir müssen nicht bis zum bitteren Ende unter etwas leiden, das schon lange nicht mehr der Realität entspricht. Wir haben eine Wahl.

Auch du hast sie. Du kannst Lasten abwerfen, du musst nicht länger Rollen spielen, die dir nicht entsprechen. Es ist keine Hexerei, einzig ein Sichtwechsel. Bewertungen deiner selbst sind schließlich nichts anderes als genau das: Bewertungen. Du bist frei, dich zu entscheiden: »Welche dienen mir, welche nicht?« Es liegt in deiner Macht, Unbekömmliches loszulassen.

Natürlich wirst du dein Drehbuch nicht von einem Tag auf den anderen umschreiben können noch allen Ballast auf einmal loswerden. Häufig sind wir einer Identifikation zu Beginn fast hilflos ausgeliefert, weil sie uns noch ungefragt und automatisch steuert. Aber wir können trotzdem heute damit anfangen, genauer hinzusehen. Heute den ersten Schritt auf dem Weg zur Änderung machen. Schließlich, wie es Kafka treffend ausgedrückt hat, entstehen Wege dadurch, dass man sie geht.

Achtsamkeit

Der erste Schritt auf dem Weg ist nicht kompliziert. Du schaust einfach bewusst hin und stellst dir Fragen wie: »Welche Ideale treiben mich an? Wie sehe ich mich? Was fühle ich oft? Welche Muster zeigen sich in meinem Verhalten? Was tut mir gut, was nicht?«

Falls du deinen Betrachtungen sofort ein »Wie dumm von mir« oder »Wie peinlich« anfügst, wärst du nicht die Erste oder der Einzige, der die eigenen Bewertungen bewertet. Das ist jedoch nicht der Sinn der Übung. Damit du also nicht schon beim ersten Schritt stolperst, werde ich dir als Nächstes ein Hilfsmittel vorstellen, mit dem du ein wertfreies Betrachten üben kannst.

> *» Wer einen Engel sucht und nur auf die Flügel schaut, könnte eine Gans nach Hause bringen.« (Georg Christoph Lichtenberg zugeschrieben)*

Das Hilfsmittel ist die Neutralität deines Blickes. Sie ist die Voraussetzung für eine erfolgreiche Bestandsaufnahme deines Selbstbildes. Ein neutraler Blick bezieht alles mit ein, deine Stärken und Schwächen, Freuden und Leiden, Erfolge und Fehlschläge, deine Vorstellungen, Wünsche und Illusionen. Das erlaubt dir eine realistische Einschätzung deiner selbst, und du wirst garantiert keine Gans nach Hause mitnehmen! Aber auch keinen Engel: Neutralität sucht nichts Spezifisches, weder das Engelhafte noch das Teuflische in dir. Ein objektiver Blick betrachtet all deine Attribute wertfrei und beurteilt sie weder als positiv noch als negativ. Damit legst du den Grundstein für einen angenehmen Umgang mit deiner Mitwelt, mit dir selbst und natürlich auch für den Prozess des Alterns. Welch potente Wirkung!

Auf den ersten Blick mag dir meine Behauptung etwas gewagt erscheinen. Hat ein objektiver Blick wirklich eine solch starke Wirkung? Ich stehe mit meiner Meinung nicht alleine da, das sei dir versichert. Die buddhistische Lehre versprach dasselbe schon vor Jahrtausenden. Sie setzte auf die wertfreie Betrachtungsweise als Fundament für ein befreites Leben. Als Achtsamkeit definiert, wurde sie von Buddha zu einem der Eckpfeiler zur Befreiung von Leidhaftem erklärt. Unterdessen ist Achtsamkeit auch in nichtbuddhistischen Kreisen populär geworden. Sie wird weitläufig als ein wertvolles Hilfsmittel für Wohlbefinden propagiert. Zu Recht, Achtsamkeit tut uns tatsächlich gut. Achtsamkeit wirkt als Gegenmittel zu unserer gewohnheitsmäßigen und automatisch ablaufenden Betrachtungsweise. Das ist ihre Stärke. Normalerweise tun wir uns schwer mit Neutralität, lassen unsere Wahrnehmungen vor allem von unserer Stimmungslage leiten und bewerten die Welt so, wie wir sie empfinden. Sind wir unglücklich, finden wir sie böse, schlecht und ungerecht. Wenn es uns wohl ist, finden wir die Welt heiter und angenehm.

Du kannst dir bestimmt vorstellen, wie unzuverlässig und wirklichkeitsfremd Urteile dadurch ausfallen. Beinahe aus der Luft gegriffen, nicht wahr, Illusionen sozusagen. Die Achtsamkeit vermag uns vor dem Schritt in diese »Illusionsfallgrube« zu bewahren. Wir erkennen, dass unser Blickwinkel und die Realität nicht dasselbe sind, verwechseln das eine nicht länger mit dem anderen. Mit einem achtsamen Blick hören wir auf, alles auf uns zu beziehen; wir nehmen, mit anderen Worten, die Welt nicht persönlich. Und siehe da, wir tappen nicht ins Leere, elegant umgehen wir die Falle.

> *»Nicht das Problem macht die Schwierigkeiten, sondern unsere Sichtweise.«*
> *(Unbekannt)*

Die Fähigkeit, Sichtweise und Realität unterscheiden zu können, ist nicht zu unterschätzen. Die Welt persönlich zu nehmen endet meist unerfreulich. Wir verkennen die Lage, da wir meinen, die äußeren Umstände seien für unsere Gefühle und Reaktionen verantwortlich. So wird, zum

Beispiel, der Regen an unserer schlechten Laune schuld. Oder wir beschuldigen unsere Lieben. »Wegen dir bin ich traurig«, sagen wir. »Du machst mich wütend.« Wirklich? Stimmt das wirklich? Fällt der Regen nur darum vom Himmel, um dich zu ärgern? Kannst du der Welt tatsächlich unterstellen, es auf dich abgesehen zu haben?

Lass mich die Frage an einem Beispiel diskutieren. Es ist ein ziemlich alltägliches, vielleicht kommt es dir in dieser oder anderer Form bekannt vor:

Du holst die Post aus deinem Briefkasten, da kommt dein Nachbar auf dich zu.

»Guten Morgen«, begrüßt du ihn.

Er antwortet nicht, streckt dir stattdessen einen Briefumschlag entgegen: »Dieser Brief ist für dich, er wurde fälschlicherweise bei uns eingeworfen.«

»Danke sehr«, antwortest du, doch er hat sich schon umgedreht. Kein »Bitte sehr«, kein »Schöner Tag noch«. Weg ist er.

Siehst du dich selbst als ein Opfer, würde das kurze Angebundensein dich verunsichern und du würdest wahrscheinlich denken: »Habe ich etwas falsch gemacht?« Du stellst deine Person in Frage und nimmst die Schuld auf dich.

Nimmst du deine Person sehr wichtig, würde eher Ärger aufsteigen, dass dein Nachbar dir nicht gebührend Aufmerksamkeit entgegenbrachte. Sein Verhalten würdest du als respektlos empfinden und dich empören: »Was meint der eigentlich? Frechheit!«

Weder die Wut auf den Nachbarn noch die Selbstanklage basieren auf einer neutralen Sichtweise. Der Maßstab, mit dem du die Lage bewertest, orientiert sich daran, wie du dich selbst siehst. Das innere Selbstbild ist das Problem, nicht der unhöfliche Nachbar.

Mit einem objektiven Blick verwechselt man die Probleme nicht länger. Man vermag die gesamte Lage zu erkennen, sämtliche Facetten der eigenen Person wie auch die der Situation.

»Aha«, könntest du mit einem achtsamen Blick feststellen, »ich fühle mich verunsichert, weil ich vermute, dass der Nachbar etwas gegen mich hat. Das ist jedoch nur eine Vermutung.«

»Aha«, könntest du sagen, »ich bin wütend, weil der Nachbar mich nicht so behandelt, wie ich das von andern erwarte. Meine eigene Erwartung wurde enttäuscht. Warum der Nachbar so war, weiß ich nicht wirklich.«

Objektiv gesehen gäbe es verschiedenste Erklärungsmöglichkeiten für die Einsilbigkeit des Nachbarn: Er leidet unter Stress, er hat Probleme, einen schlechten Tag, er war mit den Gedanken ganz woanders. Ist jemandem eine Laus über die Leber gelaufen, muss das noch lange nichts mit uns zu tun haben. Es lohnt sich zu fragen: »Bin ich mir dessen wirklich sicher?«

Natürlich ist es grundsätzlich unangenehm, übersehen und unhöflich behandelt zu werden, das soll nicht verneint werden. Aber wir müssen auch das nicht persönlich nehmen. Man kann nämlich auch unangenehme Empfindungen ganz objektiv betrachten und feststellen: »Ich werde nicht gerne unhöflich behandelt.« Damit hat sich die Sache erledigt, ein zusätzliches Angst- oder Wutdrama ist unnötig. Eine achtsame Sichtweise bietet wirklichkeitsnahe Interpretationen und erspart uns das Drama. Auf ihrer soliden Basis können wir eine angemessene Reaktion planen.

Vielleicht beschließt du, mit dem Nachbarn zu reden, um herauszufinden, was ihn unhöflich sein ließ. Dies würde die Chance erhöhen, die Sache zu klären. Vielleicht ist der Vorfall dir nicht wichtig genug und du vergisst ihn einfach wieder. Welche Reaktion du auch wählst – sie wird Erfolg haben, wenn du achtsam und sachlich bleibst.

> *»Nimm das Leben ernst, aber nicht persönlich.« (Spruch)*

Achtsames Merken wirkt wie ein Puffer zwischen Wahrnehmung, Gefühl und Urteil. Sozusagen das »Stopp! Halt! Schau genau hin. Wie ist es wirklich? Bin ich mir sicher, dass ich alle Aspekte der Situation erfasst habe und meine Interpretation stimmt?«.

Du merkst, was ist, statt wie du es lieber hättest oder lieber nicht hättest. Du verneinst weder, was dir weh tut, noch, was dich erfreut. Du erlaubst allem, da zu sein; nimmst alles ernst, genau so, wie es ist. Eine ganz andere Basis, als wenn du eine Sache persönlich nimmst, nicht wahr?

Jetzt besitzt du eine starke Ausgangsposition, um Entscheidungen zu treffen. Weißt du, wie und wieso du etwas empfindest, und hast du ein realistisches Urteil gefällt, dann kannst du den nächsten Schritt tun und dich fragen: »Was ist das Beste, das ich aus der Situation machen kann? Was tut mir gut? Was nicht?«

Diese Frage stellen zu können, ist gerade fürs Älterwerden besonders wichtig. Nimmst du dein Alter nämlich persönlich, machst du dir den Lebensabend selber schwer. Du bunkerst dich in der gewohnten Sichtweise ein und erstickst neue Ansätze im Keim. Damit verlierst du an Entscheidungsfreiheit und musst weiterhin instinktiv und so wie immer reagieren. Keine verlockende Aussicht, finde ich, und einem zufriedenen Altern überhaupt nicht förderlich.

Deshalb möchte ich dir, sozusagen als Warnung, an einem Beispiel demonstrieren, wie die Auswirkungen aussehen können, wenn jemand Alterserscheinungen persönlich nimmt statt ernst.

Fritz war ein passionierter Bergsportler. In jeder freien Minute ging er auf Touren. In den Bergen konnte er die

Verantwortungen des Alltags vergessen und komplett abschalten. Er sah sich als äußerst fit und kräftig, als ein Mann der Tat, mit einem großen Durchhaltevermögen.

Die ersten Zeichen des Alters meldeten sich im linken Knie – Bergabstiege ließen es anschwellen und schmerzen. Fritz tat, was unter den Umständen möglich war. Er bekämpfte das Problem mit Bandagen und Schmerzmitteln und setzte das Bergwandern fort. Mit der Zeit nützten die Schmerzmittel nichts mehr. Der Arzt empfahl eine Operation. Fritz stimmte zu und machte anschließend seine Physioübungen, eisern, jeden Tag. Nach sechs Monaten nahm er das Tourenlaufen wieder auf. Ein Jahr lang lief alles bestens, dann traten die Schmerzen erneut auf. Fritz spürte, wie sein Tritt unsicherer wurde, eines Tages stürzte er. Diesmal wollte die Heilung nicht klappen. Der Arzt riet von einer zweiten Operation ab und empfahl das Unterlassen von Bergbesteigungen.

Du kennst vielleicht ähnliche Fälle aus deinem Bekanntenkreis. Geschichten von Menschen, denen altersbedingte Grenzen gesteckt werden, die eine Anpassung des Selbstbildes und des Lebensstils erfordern. Mit achtsamer Neutralität betrachtet, erkennen wir darin ein Phänomen des Alterungsprozesses. Unser Körper verändert sich – und das nicht gerade zu unserem Vorteil. Er fordert von uns Opfer. So ist das eben, darüber haben wir keine Macht. Es liegt jedoch in unserer Hand, wie wir damit umgehen.

Fritz nahm die Schwäche seiner Knie persönlich und interpretierte seine Lage dementsprechend: »Dieser Arzt weiß nicht, wovon er spricht. Der wird schon sehen, nächsten Sommer steh ich wieder auf dem Gipfel.« Fritz hielt an seinem Selbstbild fest, sah sich nach wie vor als kräftigen Mann, der vieles aushält. Doch trotz seiner Verneinung, Übertünchung und Verleugnung der Lage siegte die Realität, was zu erwarten war. Er schaffte keine Gipfelbesteigung mehr, ungeachtet des Trainierens unter großen Schmerzen.

Eigentlich wäre es nun an der Zeit gewesen, dass Fritz seine Ambitionen der Realität angepasst und sich überlegt hätte, was er trotz der schwachen Knie noch tun könnte. Aber Fritz sah die Lage immer noch nicht objektiv, sondern bezog nach wie vor alles auf das Selbstbild vom starken Kerl: »Das ist eine totale Katastrophe. Wenn ich nicht mehr auf Touren kann, ist mein Leben futsch.«

Hätte Fritz seine Lage mit Achtsamkeit betrachtet, hätte er feststellen können, dass es ihn traurig machte, seine geliebten Touren aufgeben zu müssen. Er hätte seinen Schmerz zulassen und ernst nehmen und sich überlegen können, wie er am besten mit seiner eingeschränkten Mobilität umgehen könnte. Nicht zuletzt hätte er alles Gute, das sein Leben ihm sonst noch bietet, ebenfalls wahrgenommen. Stattdessen blieb er an seinem Skript haften. So endete er in der »totalen Katastrophe«, in einem Drama. Armer Fritz.

Wann immer wir etwas persönlich nehmen, liegt das Drama nicht fern und lässt uns doppelt leiden. Einerseits an der schweren Lage an sich, andererseits unter unserer Reaktion. »Alles ist vorbei, mein Leben ist futsch. Wieso ich? Das ist so unfair. Hätte ich nur, wäre es doch ...« Das Unangenehme wird zur Katastrophe, zum persönlichen Angriff durch das Universum. Hader, Gram, Bitterkeit, Verzweiflung und Angst breiten sich aus, nehmen überhand. Die Frage »Was kann ich Positives aus der Lage ziehen?« hat keine Chance, gestellt zu werden. Jegliche Freuden, große wie kleine, werden übersehen. Das Drama ist komplett.

Zum Glück gelang Fritz die Wende doch noch. Er fand eine realistische und dankbare Beurteilung, die ihm inneren Frieden und erneute Lebensfreude brachte: »Ich habe eine wunderbare Zeit auf meinen Touren erlebt und bin dankbar, dass ich dies so lange tun konnte. Nun muss ich eine neue Möglichkeit finden, wie ich mein Bedürfnis nach Bewegung in der Natur weiterhin befriedigen kann, ohne die großen Touren.«

> *»Achtsamkeit bedeutet zu wissen, was du gerade machst.« (Nach Jon Kabat-Zinn)*

Habe ich dir etwas deutlicher gemacht, wovor Achtsamkeit uns bewahren kann und welch wertvolle Unterstützung sie uns bietet? Habe ich ausreichend aufgezeigt, dass es sich lohnt, sie auszuüben?

Gerade das Letztere wollte ich dir besonders schmackhaft machen, und so füge ich gleich noch eine weitere gute Botschaft an: Du brauchst keine besonderen Fähigkeiten, um achtsam zu sein! Achtsamkeit steht dir zur freien Verfügung, sie ist kein bestgehütetes Geheimnis von erleuchteten Meistern. Alles, was du zu tun hast, ist dich selbst zu beobachten. So einfach ist das!

Du trittst innerlich einen Schritt zurück und nimmst wahr. »Was sehe ich?« Du nimmst wahr, wie etwas auf dich wirkt. »Was fühle ich? Wie bewerte ich es?« Du nimmst wahr, welche Impulse in dir aufsteigen. »Zu was drängt es mich?« Du beobachtest, wie sich etwas verändert: »Jetzt fühle ich mich anders als vorher.« Beobachten und feststellen – das ist schon alles, damit bist du achtsam.

Zugegeben – so einfach die Anwendung auch ist, sie will etwas eingeübt werden. Ein neutraler Blick ist nicht unser normaler Standard. Dieser sieht anders aus: Ungefragt, unbewusst spult sich das gewohnte Drehbuch ab, blitzschnell preschen die persönlichen Wertmaßstäbe auf die Bühne und drängen die Objektivität in den Hintergrund. Mit Achtsamkeit hingegen steht alles im Rampenlicht. Die subjektiven Meinungen können sich weniger gut ausbreiten, die objektiven lassen sich besser erkennen.

Bis nun aber der neutrale Blick zur Standardeinstellung mutiert ist, muss man ihn etwas kultivieren und üben. Das braucht seine Zeit. Diese solltest du dir unbedingt nehmen. Ich rate dir, beim Üben geduldig, offen und neugierig zu bleiben. Wenn du eine Beurteilung wahrnimmst, bitte sie höflich, aber bestimmt, dir aus der Sicht zu treten, sie soll andere Sichtweisen auch auf die Bühne lassen.

Möglicherweise musst du das x-mal wiederholen. Das ist völlig normal, und du solltest dich dafür auf keinen Fall tadeln. Achtsamkeit dient der Klarheit, und diese lässt sich mit Wohlwollen und Verständnis besser erkennen. Während die Achtsamkeit alle Seiten in Betracht zieht und sie toleriert, konzentriert sich die Kritik ausschließlich aufs Problematische und tadelt. Vergiss also nie, dir gegenüber freundlich zu bleiben. Unterlasse jegliche Selbstanklagen, sie dienen dir zu gar nichts. Eine selbstkritische Beschuldigung ist niemals die Wirklichkeit, sondern einzig ein weiteres Werturteil.

> *»Das Glück deines Lebens hängt von der Beschaffenheit deiner Gedanken ab.«*
> *(Marc Aurel)*

Lass uns zum Abschluss dieses Kapitels die Achtsamkeit theoretisch etwas einüben, indem wir einen neutralen und unpersönlich sachlichen Blick aufs Älterwerden werfen. Dazu nehmen wir die Brille unserer Vorlieben und Ängste ab und legen sie zur Seite. Wir beziehen alle Facetten unserer Person mit ein und sind uns dabei des gewohnten Selbstbildes bewusst. Ganz nüchtern betrachten wir, was mit uns geschieht, wenn wir altern. Wir fragen uns, welchen Herausforderungen wir uns stellen müssen. Welche altersbedingten Veränderungen sind zu erwarten?

Für die meisten von uns sind die ersten Veränderungen optischer Natur. Wir entdecken das allererste weiße Haar. Unser Haaransatz zieht sich langsam, aber sicher zurück. Lächeln wir, zeigen sich Falten in den Augenwinkeln. Auf der Stirne haben die Runzeln sich für immer eingegraben. Die Haut an unserem Hals ist schlaffer geworden, wir entdecken geplatzte Äderchen an den Beinen. Auf den Händen vermehren sich die Pigmentflecke.

Wie ließen sich solche Veränderungen mit einem achtsamen, neutralen Blick beschreiben? »Die Alterung nimmt ihren Lauf. Unser Aussehen verändert sich entsprechend, man sieht uns das Alter an«, könnte man ganz prosaisch feststellen.

Objektiv betrachtet ist Älterwerden ein natürlicher Prozess, dem alle Lebewesen unterliegen. Ergrauen nicht sogar unsere Haustiere? Subjektiv hingegen sieht es anders aus. Es könnte sein, dass wir froh sind, sieht man uns das Alter endlich an. Unser Selbstbewusstsein steigt, wir fühlen uns würdevoller, ernster genommen und beachteter. Vielleicht gefällt es uns aber gar nicht, wie wir aussehen, wir haben Mühe mit der Wandlung, möglicherweise wird unser Selbstwertgefühl beeinträchtigt.

Mit einer achtsamen Betrachtung erkennen wir unsere Empfindungen wie auch unsere Werturteile. Wir machen uns nichts vor und treffen bewusste Entscheidungen. Lassen wir, zum Beispiel, die weißen Haare dank einer Färbung verschwinden, wissen wir, warum wir uns dazu entschieden haben: Sei es, dass wir unser Selbstwertgefühl aufpeppen wollen oder dass wir einfach keine Lust auf weiße Haare haben.

Älterwerden konfrontiert uns natürlich nicht einzig mit weißen Haaren und Runzeln. Unser älter werdender Körper stellt uns vor weit kniffligere Herausforderungen. Sogar wenn wir ganz gesund sind, funktioniert er nämlich des Öftern nicht mehr tadellos. Wir müssen zum Beispiel die Lautstärke des Fernsehers erhöhen und bekommen bei einem Gespräch nicht mehr alles mit. Unser Hörvermögen hat nachgelassen. Unsere Sehschärfe auch. Wir können die Preisangaben im Kaufhaus kaum mehr lesen, wir erkennen die uns grüßende Person nicht. Wir realisieren, dass eine Brille nicht länger vermieden werden kann.

Ich weiß nicht, wie es dir geht, aber ich erinnere mich noch genau an den Moment, als ich zugab, ohne Brille nicht mehr funktionieren zu können. Auf einem Ausflug mit dem Auto war das, in einer Zeit, da die Navigation noch per Ortsschilder und einer Landkarte stattfand. Meine Freundin, die auf dem Ausflug dabei war, hatte sich schon mit der Brillenfrage abgefunden und besaß eine Lesebrille. Unglücklicherweise hatte sie diese jedoch vergessen mitzunehmen. So konnte weder sie noch ich die Landkarte studieren, um herauszufinden, wo zum Teufel wir waren. Ich hatte mich grässlich verfahren, was wir den unbekannten Ortstafeln entnehmen konnten. Das Resultat unserer Doppelblindheit bestand in einer beinahe zweistündigen Irrfahrt und führte bei mir zu dem Entschluss, mir eine Lesebrille anzuschaffen, und bei meiner Freundin dazu, sich eine Gleitsichtbrille anfertigen zu lassen.

Zum Glück sind Brillen oder Hörgeräte heutzutage Dienstleistungen, die allen einfach zugänglich sind. Die Altersversorgung ist fortschrittlich und medizinisch gut ausgerüstet. Man kann am alternden Körper ja auch ganz tüchtig verdienen. (Das nur nebenbei erwähnt.)

So können wir auf viele Hilfsmittel zurückgreifen, die uns den Alltag erleichtern und die körperlichen Beeinträchtigungen einfacher ertragen lassen. Das sollten wir ebenfalls bewusst wahrnehmen. Mit Dankbarkeit. Wusstest du zum Beispiel, dass es erst ein Jahrhundert her ist, dass elektrische Hörgeräte erfunden worden sind? Vorher gab es nur Büffel- oder Blechhörner. Unterschätzen wir also unser Glück nicht!

Und doch — manchmal können wir nicht von Glück sprechen. Unser Körper macht nicht mehr überall mit. Wo er nicht richtig funktioniert, setzt er uns Grenzen. Die Konsequenzen sahen wir bei Fritz, wobei er noch gut davonkam. Manchmal verlangt der Altersprozess noch viel größere Opfer, die nicht zu einem glücklichen Ende führen. Eine Lage verschlimmert sich zum Beispiel, eine Krankheit wird unaufhaltbar. Medikamente, Schmerzen und Spitalaufenthalte gehören jetzt zu unserem Alltag. Mir kommt dazu ein Zitat in den Sinn. Von wem es stammt, ist unklar, aber ich finde, es passt: »Alt zu werden ist nichts für Feiglinge.« Ich sehe den Spruch als Galgenhumor, denn ich weiß, dass einem das Lachen vergehen kann, wenn man unter ständigen Schmerzen lebt. Objektiv betrachtet konfrontiert Älterwerden uns mit Leidhaftem, mit der Vergänglichkeit und dem Ende. Prioritäten verschieben sich um 100 Grad und unser ganzes Leben kann auf den Kopf gestellt werden.

Wie, fragst du dich vielleicht, soll man um Himmels Willen angesichts solch einschneidender Beschränkungen nicht scheitern? Geht das überhaupt? Meine Antwort lautet: Ja, das ist möglich. Wir haben nämlich eine Verbündete, die uns den Rücken stärkt: die Achtsamkeit. Bei ihr dürfen wir uns Trost holen und ihrer Kraft können wir vertrauen.

Achtsamkeit ermöglicht es uns, eine gewisse Distanz zu unserem Leiden zu gewinnen und schmerzhafte Situationen nicht persönlich nehmen zu müssen. Sie lässt uns nicht untergehen, gar mit dem Opfersein verschmelzen. Mit ihrer Hilfe können wir Leidvolles besser akzeptieren und ertragen. Wir sehen das Leben und unsere Lage nicht länger als grausam oder unfair, sondern einzig so, wie es ist. Manchmal angenehm für uns, manchmal unangenehm und zeitweise sogar schwer auszuhalten. Das beschützt uns davor, im Drama des Leidens zu ertrinken, und hilft uns, den Kopf oben zu halten.

Du siehst: Achtsamkeit ist wahrlich ein starker Arm, auf den wir uns stützen können. Kein Wunder, dass Buddha sie als einen Eckpfeiler zur Befreiung vom Leiden angesehen und immer wieder betont hat: Unsere Einstellung macht den ganzen Unterschied. Auch wenn wir offensichtlich keine Macht darüber haben, was uns zufällt, können wir doch so gut wie möglich mit dem umgehen, was das Leben uns bringt. Wir fühlen uns nicht als Opfer, auch wenn unser Körper Opfer von uns fordert.

» Wenn du ein Problem hast, versuche es zu lösen. Wenn du es nicht lösen kannst, mach kein Problem daraus.« (Buddha)

Zum Abschluss des Kapitels über Achtsamkeit und zum Auftakt des nächsten zum Thema Akzeptanz möchte ich dir ein ermunterndes Beispiel präsentieren, das einen gelungenen Umgang mit altersbedingten Problemen zeigt. Es handelt von meiner Patin, die 93 Jahre alt wurde, und das ganz ohne Drama. Sie ist und bleibt mir ein großes Vorbild, dessen Wirkung ich gerne mit dir teilen würde.

Meine Patin blieb unverheiratet und kinderlos, und wir zwei pflegten ein enges Verhältnis. Ich besuchte sie regelmäßig, und jedes Mal gingen wir in ihr kleines Gärtchen, um das neuste »Naturwunder«, wie sie ihre Blumen und Sträucher bezeichnete, zu bestaunen. »Guck mal das Rot dieser Blüte, ist es nicht wunderbar?«

Meine Patin war eine passionierte Gärtnerin. Immer blühte etwas in den Beeten, der Rasen war stets gemäht und die Büsche gestutzt. Doch eines Tages, sie war nun schon über siebzig, bemerkte ich Unkraut zwischen den Blumen und einige Äste wuchsen über den Weg.

Sie gestand mir, dass ihr Rücken nicht mehr mitmache beim rigorosen Jäten und Schneiden. »Aber das macht nichts«, erklärte sie, »ich habe jetzt einfach beschlossen, den Garten etwas wilder werden zu lassen. Schau mal, dieses Unkraut hier, ist doch richtig hübsch, nicht wahr?«

Der Rücken meiner Patin machte mit den Jahren nicht nur beim Jäten nicht mehr mit, sondern zwang sie, das Gärtnern überhaupt aufzugeben. »Weißt du«, sagte sie mir, »ich habe mir überlegt, dass ich meine Beete jemand anderem anbieten könnte. So viele Leute warten auf Pflanzplätze, das wäre doch ideal. Kennst du vielleicht jemanden?«

Ich versprach, mich umzuhören, wollte aber wissen: »Macht es dich nicht traurig, dass du nicht mehr selber im Garten werken kannst?«

»Nein, nein, es hat mir so viele Jahre lang Freude gebracht, ich kann mich wahrlich nicht beklagen. Aber es machte ja auch viel Arbeit, ich habe wirklich nichts dagegen, diese jetzt abzugeben.«

Ich hätte es wissen können – eine typische Patin-Antwort. Ich fand dann tatsächlich eine Bekannte von mir, die überaus glücklich war, zu säen und zu schneiden und in der Erde zu graben. Sie und meine Patin tranken zusammen Tee und fachsimpelten. Bei meinen Besuchen wurden die Gartenbegehungen wieder aufgenommen. »So ein Glück«, strahlte meine Patin, »dass ich mich immer noch an meinem Garten erfreuen kann. Ohne«, fügte sie schelmisch hinzu, »einen Finger rühren zu müssen.«

Als meine Patin das hohe Alter von neunzig Jahren erreicht hatte, zwang ihr Rücken sie, immer häufiger und länger zu liegen. Sie ließ sich das Sofa ans Fenster stellen, sodass sie nach wie vor ins Grüne blicken konnte, und ich entdeckte, dass sie auf den Fenstersims einen kleinen Bonsaibaum gestellt hatte. »Ganz kannst du es doch nicht lassen«, schmunzelte ich. »Jemand hat ihn mir geschenkt«, erklärte sie. »Ist das nicht toll? So kann ich trotz meinem Rücken noch an Ästen rumschneiden.«

Spürst du die Qualität, die meine Patin kultivierte? Ich habe sie wirklich sehr bewundert. Ihr Akzeptieren der altersbedingten Einschränkungen ohne Klagen, ohne Nörgeln. Ihre Neigung zum Betrachten dessen, was geht und was möglich ist, und das Suchen von Lösungen, die weiterhin Freude bringen. Nachteile wog sie mit Vorteilen auf, stets fand sie neue Zufriedenheit in den veränderten Umständen. Beneidenswert, nicht wahr?

Erlauben und loslassen

Im letzten Kapitel haben wir die Vorteile diskutiert, die Achtsamkeit mit sich bringt, und zum Schluss meine Patin kennengelernt, die vorgelebt hat, wie man sie anwenden kann und damit Zufriedenheit erreicht. Wenn wir nicht ins Drama treten, so sahen wir, dann erweitert sich unser Handlungsspielraum. Wir werden frei, unsere Chancen zu erkennen und wahrzunehmen, frei, Lösungen zu finden, die uns wohltun, und diejenigen zu unterlassen, die uns schaden.

Nun wollen wir uns dem konkreten Ausnützen dieses Freiraums widmen, der Frage: Wie nehme ich meine Chancen am besten wahr? Mit welcher Reaktion vermeide ich Leiden, mit welcher fördere ich Freude?

Ich habe dir aufgezeigt, wie meine Patin diese Fragen gelöst hat. Konkreter kann ich nicht werden. Ich kann dir keine spezifische Vorgehensweise für jede nur mögliche Lebenslage liefern. Stattdessen gebe ich dir eine prinzipielle Strategie mit, mit der du das Beste aus jeder Situation machen kannst. Diese lautet: Sag »ja«. Sag einfach ja zu dem, was ist. Nimm eine Lage an, akzeptiere sie. Lass deinen Widerstand los und erlaube den Dingen zu sein, wie sie sind.

Akzeptieren und Widerstand aufgeben – diesen zwei Aspekten der Taktik wollen wir uns nun zuwenden und sie näher kennenlernen.

Akzeptieren

> *» Wer ja sagt zu seinem Schicksal, den*
> *führt es voran; den Widerstrebenden*
> *aber schleift es mit.« (Seneca)*

Etwas anzunehmen, hört sich unkompliziert an, nicht wahr? Wir alle wissen aber, wie schwer uns das fallen kann. Ich muss dir also nichts vormachen, sondern kann bestätigen: Akzeptanz ist nicht einfach, und es gibt Situationen, die anzunehmen uns beinahe unmöglich erscheint. Der Tod eines Kindes zum Beispiel. Eine unheilbare Krankheit. Ein Betrug. Es ist wirklich so, dass Schicksalsschläge und

Verluste uns derart niederdrücken können, dass eine Akzeptanz jenseits unserer Kräfte scheint. Und doch …

So schwierig die Akzeptanz einer Tatsache auch sein mag, sie ist trotzdem der Weg zur Heilung und Befreiung. Mit ihr nehmen wir unser Schicksal in die Hand und machen den ersten Schritt zu einer Änderung. Es mag einige Zeit dauern und uns viele Tränen kosten, bis wir eine neue Einstellung gefunden haben. Aber es lohnt sich schlussendlich immer, den Weg unter die Füße zu nehmen und den Anpassungsprozess Schritt für Schritt zu durchlaufen. Widersetzen wir uns hingegen, gleiten uns die Zügel aus den Händen und wir werden nur noch mitgeschleppt.

> *»Du kannst nur die Dinge verändern,*
> *die du zuvor angenommen hast.«*
> *(Andreas Knuf)*

Die größte Mühe macht uns, logischerweise, die Akzeptanz von Umständen, die nicht so sind, wie wir sie gerne hätten: Situationen, in denen uns etwas weggenommen wird, uns etwas plagt oder stört, in denen wir verletzt oder verärgert sind. Unangenehmes gibt es zuhauf. Die Spannweite ist riesig, sie reicht von alltäglichen Irritationen bis zu lebensverändernden Schicksalsschlägen.

Lass uns hier zu Beobachtungszwecken eine ganz alltägliche Irritation unter die Lupe nehmen. Sie ist dir sicher bekannt: Die Abfahrt deines Zuges ist verspätet. Dass du dich darüber erst einmal aufregst, ist nur natürlich, das geht uns allen so. Die Frage ist nun aber: Nützt dir das? Ändert deine Aufgebrachtheit irgendetwas am Fahrplan? Nein, deine Wut hat keine Macht über die Abfahrt des Zuges, sie wirkt sich einzig auf dich selber aus. Sie gibt dir möglicherweise eine schlechte Laune, und ganz sicher bringt sie dir Stress. Man kann sich nicht aufregen und sich gleichzeitig friedlich und harmonisch fühlen. Um den Stress und die schlechte Laune loszuwerden, musst du bereit sein, die Verspätung anzunehmen und dich damit abzufinden. Ein paar Mal tief durchatmen. Dir sagen: »Es ist, wie es ist, der Zug hat Verspätung.« Dich fragen: »Was ist das Beste, was ich aus der Situation machen kann?«

Bist du etwas skeptisch, ob sich abzufinden wirklich eine gute Strategie sei? Hast du das Gefühl, damit zum Waschlappen zu werden? Ich verstehe das gut, aber leider ist es nun mal so, dass nicht immer alles so läuft, wie du es willst, und Unannehmlichkeiten immer wieder auftauchen. Niemand ist ausschließlich auf Rosen gebettet, ein Leben ganz ohne Leiden gibt es nicht. Es gibt Schicksalsschläge, die du aushalten musst. Andere Menschen verhalten sich nicht immer so, wie du das gerne hättest. Du kannst nicht alles kontrollieren und zu deinen Gunsten beeinflussen.

Das Leben, so gilt die Regel, ordnet sich nicht dir unter, sondern du musst dich ihm anpassen. Aber gerade deine Bereitschaft, dies anzunehmen, zu akzeptieren, dass Unglück existiert und sich auch über dein Haupt ausschütten kann, macht es dir leichter, Leidhaftes zu meistern. Du glaubst nicht länger, man habe es speziell auf dich abgesehen. Du bist dir bewusst, dass die Welt oft einfach nicht gerecht ist. Im Klartext: Die Strategie der Akzeptanz basiert auf der Tatsache, dass du zu dem, was dir jetzt gerade widerfährt, schlussendlich nichts zu sagen hast. »Aber«, höre ich dich an dem Punkt erneut einwenden, »fördert man mit einer solchen Einstellung nicht Resignation? Wenn man jeden Widerstand fahren lässt, wird man doch erst recht zum Opfer. Man muss sich doch wehren können.« Ich muss dir widersprechen: Es gibt einen Unterschied zwischen Akzeptanz und Resignation. Etwas zu akzeptieren, macht keine Verliererin oder einen Versager aus dir. Im Gegenteil. Wenn du meinst, zu akzeptieren sei ein Versagen, dann meinst du, mit dem Kopf gegen die Wand zu rennen sei eine gute Strategie.

Du bist ja sowieso schon ein Opfer von etwas Unangenehmem. Indem du das akzeptierst, machst du einen aktiven Schritt aus der Opferrolle. Du hörst auf, das Unglück persönlich zu nehmen, hörst auf, Trübsal zu blasen, die Fäuste zu ballen, dich zu grämen und zu hadern. Du hörst auf mit dem Drama.

Stattdessen erlaubst du allem, da zu sein. Auch das Unglück darf sein. Du machst es zu deinem Verbündeten statt zu deinem Feind. Du arbeitest mit dem, was du hast, nicht dagegen. Akzeptieren fokussiert auf Lösungen, nicht auf Klagen und Anklagen.

Mit einer solchen Einstellung siehst du den Tatsachen ins Auge und fragst dich, wie du sie am besten meistern könntest. Dazu gehört durchaus auch, klare Grenzen zu setzen oder deine negativen Gefühle auszudrücken. Sich von den Hindernissen, Enttäuschungen und Rückschlägen des Lebens nicht verrückt machen zu lassen, bedeutet nicht, dass man das, was man verändern kann, nicht zu verändern sucht. Akzeptanz ist weder ein Gutheißen noch ein Kapitulieren. Es ist eine Klarheit, eine bewusste Einstellung, das Fundament, auf dem du deine Handlungsstrategien baust: »Es ist, wie es ist. Ich erlaube das. Ich entscheide, was ich damit mache.«

Kehren wir zum Schluss nochmals zum Beispiel des verspäteten Zuges zurück und fragen uns, welche Entscheidungen man treffen könnte. Einem Bahnschaffner seinen Zorn äußern? Sich um die Termine kümmern, die man jetzt verschieben muss? Auf dem Bahnsteig in der Sonne sitzen und sich das Gesicht wärmen lassen? Ein Beschwerde-E-Mail an die Bahngesellschaft schicken und auf einer Vergütung bestehen? Im Speisewagen einen Kaffee trinken? Zusammen mit dem Banknachbarn lauthals über die lausige

Dienstleistung schimpfen? Im Sitz zurücklehnen und sich einen Podcast anhören? Was würdest du wählen?

Widerstand aufgeben

> *»Wenn du loslässt, hast du zwei Hände*
> *frei.« (Chinesisches Sprichwort)*

Ja zu sagen und in den sauren Apfel der Realität zu beißen, hilft uns, unangenehme Situationen besser zu meistern – das habe ich hoffentlich konkretisieren können. Ich bin mir jedoch bewusst, wie groß und wie häufig unser Widerstand gegen das »Ja« ist. Allzu oft sagen Menschen »nein«. Mit Händen und Füßen wehren sie sich gegen Neuerungen und weisen Änderungen vehement zurück.

Zugegeben, es ist nicht einfach, ungewollte Veränderungen, Verluste und Enttäuschungen zu bewältigen, das ist für uns alle so. Ich will dir nichts vormachen: Loslassen kann ein schmerzvoller Prozess sein. Je wichtiger uns etwas ist, desto schmerzhafter ist sein Verlust. Loslassen hinterlässt eine Lücke, und das tut uns zuerst einmal weh.

Es ist völlig normal und gehört zum Heilungsprozess, dass wir vorerst trauern oder wütend sind, dass wir Sehnsucht nach dem Verlorenen und Mühe mit der Neuorientierung haben. Das »Ja« braucht seine Zeit, aber irgendwann einmal muss es kommen. Es gehört zum gesunden Prozess, dass wir uns von der rückwärts gerichteten Bewältigung lösen und uns auf die Handhabung der neuen Lage einstellen. Verharren wir beim »Nein«, verhindern wir den natürlichen Lauf und bleiben im Widerstand stecken.

Trotzdem ist die irrtümliche Meinung weit verbreitet, man bleibe mit leeren Händen zurück, lasse man los. In Wirklichkeit entgleiten uns die Chancen, wenn wir uns festkrallen. Erst das Loslassen gibt uns freie Hand, um neue Möglichkeiten aufzugreifen und andere Ziele ins Auge zu fassen.

Lass mich dieses Prinzip an einem Beispiel verdeutlichen, indem ich dir den Fall von Frau B. schildere. Sie war im mittleren Alter, seit 35 Jahren verheiratet und hatte zwei erwachsene Töchter. Die Jüngere, die ich hier Karin nenne, befand sich noch in der Ausbildung und hatte eben das Nest verlassen. Sie war bei mir zur Untermiete eingezogen. So bekam ich die folgende Geschichte brühwarm mit. Karin tritt eines Tages mit verstörter Miene in die gemeinsame Küche. Auf meine besorgte Frage, was denn sei, berichtet sie, sie komme eben von einem Treffen mit ihrem Vater: »Er will Mami verlassen!« Ich lege ihr den Arm um die Schultern, sie lässt den Kopf hängen. »Er eröffnete uns«, setzt sie zögernd an, »dass er eigentlich schon seit seiner Jugend vermute, Männer zu bevorzugen. Er habe sich lange dafür geschämt, habe seine homosexuellen Tendenzen verleugnet und unterdrückt. Er wollte uns und Mami nicht verlieren. Mit den Jahren aber, gestand er uns, wurde es richtig schwierig für ihn, und er sei immer unglücklicher geworden. Jetzt, da wir beide auf eigenen Beinen stünden, sei der richtige Zeitpunkt gekommen. Er hofft«, seufzt Karin, »Mami zeige Verständnis, und er möchte, dass sie Freunde bleiben. Seine Entscheidung, sie zu verlassen, hat ja nichts mit ihr oder mit uns zu tun.« Tränen treten in Karins Augen. »Es ist schon ein Schock, auch für mich«, schnieft sie. »So etwas muss man erstmals verdauen.« Ich reiche ihr ein Taschentuch, sie trocknet sich die Augen. »Aber ich kann sein Dilemma schon nachvollziehen und will ihn unterstützen. Ob Mami das auch so sehen wird, bezweifle ich.«

Karin behielt Recht. Frau B. fühlte sich verraten, hintergangen, im Stich gelassen – ein unschuldiges Opfer eines verlogenen Mannes. Karin und ihre Schwester versuchten ihr Bestes, sie zu trösten. Sie konnten nachempfinden, wie verletzt sich ihre Mutter fühlte. Es war auch klar, dass sie sich erst einmal vom Schock erholen musste. Geduldig hörten die Töchter ihren Schimpftiraden zu, kümmerten sich um sie. Mit der Zeit jedoch versuchten sie auch ein gutes Wort für den Vater einzulegen, denn er war ja stets liebevoll gewesen und hatte sein Bestes versucht. »Ihr habt es doch schön gehabt all die Jahre«, warfen sie ein. »Auch wenn Papi nicht ganz ehrlich gewesen war. Aber er tat es ja uns zuliebe.« Sie versuchten, ihr seine Situation nahezubringen: »Sei doch froh, dass er jetzt endlich zu sich stehen kann. Er hat dich ja immer noch gern, einfach anders als vorher.«

Die Versuche zur Schlichtung kamen nicht gut an. Frau B. verstand jedes positive Wort über ihren Mann als Verrat an ihr und als eine Verneinung ihres Leidens. Die Tröstungsversuche eskalierten immer häufiger zu Vorwurfsattacken und Weinkrämpfen der Mutter.

»Mami hat uns den Kontakt mit Papi verboten«, berichtet mir Karin eines Morgens.

»Ehrlich!«, entfährt es mir. »Ja – und macht ihr da mit?«

»Natürlich nicht!«, knurrt Karin. »Aber sie war so außer sich, dass wir es ihr versprachen. Jetzt besuchen wir Papi halt heimlich.« Sie wirft ihre Arme in die Luft: »So absurd! Mami weicht keinen Zentimeter ab von der Position der bösartig verlassenen Frau.« Karin sieht verärgert aus: »Viel länger machen wir das Theater nicht mehr mit, das kann ich dir sagen. Früher oder später wird es zur Katastrophe kommen!«

Und so kam es dann auch. Frau B. bot keine Hand für eine friedliche Lösung, gab sich keine Mühe, ihrem Mann gegenüber respektvoll zu bleiben und die lange Zeit der friedvollen Ehe zu würdigen. Sie war vollkommen in diesem Drama und in ihrer Opferrolle aufgegangen; fokussierte all ihre Kraft auf die gerechte Rache, die der egoistische Verräter verdiente. So riss sie denn auch einen Scheidungskampf vom Zaun. Herr B. war gezwungen, einen Anwalt zu engagieren. Die Scheidungsverhandlungen zogen sich zäh dahin, Frau B. warf Steine in den Weg, wo sie nur konnte. Die Nerven aller Beteiligten wurden arg strapaziert. Für die Anwälte war das ein Berufsrisiko, das ihnen finanziell vergütet wurde. Herr und Frau B. jedoch wurde der Stress nicht kompensiert, sie zahlten den vollen Preis. Immerhin fiel das Scheidungsurteil fair und regelkonform aus. Frau B. war mit ihren überzogenen Forderungen und wilden Anschuldigungen nicht durchgekommen.

Das gleiche Resultat, wohlverstanden, hätte in kürzerer Zeit nervenschonend und ohne hohe finanzielle Einbußen erreicht werden können. Die Familienbeziehungen hätten sich etwas verschoben, wären aber immer noch intakt. Beide Parteien wären im Frieden auseinandergegangen, um einen neuen Lebensabschnitt zu beginnen. Der Widerstand von Frau B. indessen führte zur Tragödie und ließ sie mit leeren Händen zurück. Sie hatte ihre Kinder gegen sich aufgebracht, den letzten Zipfel Liebe ihres Mannes verloren und war ein Opfer ihres eigenen Dramas geworden – isoliert, finanziell geschwächt und verbittert. Tragisch, nicht wahr?

Ob die Familie wieder zusammenfand, weiß ich nicht; Karin zog kurz nach der Scheidung mit ihrem Freund in eine eigene Wohnung. Ich habe die Geschichte ihrer Mutter jedoch als Warnung im Gedächtnis behalten und ermahnte mich oft bei einem Nein: »Sei nicht wie Frau B.!« Ich möchte dir die Warnung weitergeben: Die Auswirkungen von Widerstand sind niemals aufbauender Art. Willst du Erleichterung, Befreiung, Öffnung und Heilung finden, darfst du dich nicht gegen das »Ja« stemmen.

> *»Lass den Widerstand los und das Lei-*
> *den lässt dich los.« (Bettina Hielscher)*

»Nein« zu sagen ist anstrengend, verkrampft und ver-spannt uns. Das Drama zehrt an unseren Reserven. Wir ertrinken im Selbstmitleid und in der Hilflosigkeit, verlie-ren dabei an Möglichkeiten, unsere Situation zu verbes-sern. Statt den Blick von der belastenden Situation weg nach vorne zu richten und zu schauen, wie wir mit der Lage umgehen können, vergeuden wir unsere Energie mit der Abwehr. Widerstand ist, kurz gesagt, nutzlos verpulverte Energie. Eine Strategie, die uns schlecht dient.
Loslassen hingegen ist hilfreich. Wie sehr, möchte ich dir als Nächstes aufzeigen; ich möchte dir sozusagen die Vor-teile schmackhaft machen, die es mit sich bringt.
Grundsätzlich ist Loslassen eine unglaublich wirksame Medizin, die Kraft und Hoffnung freisetzt, aufatmen lässt und Neuem Platz gibt. Ist deine Entscheidung loszulassen einmal gefällt, gibt es nichts mehr zu tun. Das entspannt

und entlastet. Du kannst ausatmen. Du hältst nicht länger fest und kämpfst, das bedeutet weniger Anstrengung, gesparte Energie. Du hast akzeptiert und erlaubst, dass es ist, wie es ist. Das erleichtert. Jetzt kannst du deine Energie auf das Jetzt und auf das Neue richten und dich langsam, aber sicher von Vergangenem trennen. Du setzt damit Zeit, Ressourcen und Energien frei.

Loslassen schafft Raum. Was du fahren lässt, macht Platz für frische Ideen, Wünsche und Pläne. Neue Perspektiven ergeben sich, unbekannte Türen öffnen sich, versteckte Wege werden deutlich. Nicht zu vergessen sind die positiven Überraschungen, die dir unerwartet zufallen können. Wer hat nicht schon erlebt, dass sich aus einem Nachteil ein Vorteil ergab? Einem plötzlich eine Chance in den Schoß fällt oder ein Hindernis wegschmilzt? Wer loslässt, lautet die gute Botschaft, gewinnt aus dem Verlust Wachstum und Stärke.

» Was wird, vergeht.« (Buddha)

Einen weiteren Gewinn bietet das Loslassen dadurch, dass es dem Lebensgesetz der Unbeständigkeit entspricht. Alles auf dieser Welt verändert sich, alle Dinge kommen und gehen, nichts bleibt, wie es ist, wir auch nicht – wir werden geboren und wir sterben.

Ich gebe zu, das hört sich nicht nach Gewinn an: Alles, was uns lieb ist, vergeht, und nichts Schönes bleibt, wie es ist. Das betrübt doch eher? Nicht unbedingt! Unbeständigkeit heißt, dass Transformationen überhaupt geschehen können. Würde alles genau so bleiben, wie es ist, wäre nichts möglich, die Welt erstarrte. Die Veränderlichkeit jedoch erschafft unendlich viele Möglichkeiten – was ganz klar als ein Gewinn verbucht werden kann.

Vergessen wir zudem nicht, dass nicht nur das Schöne, sondern das Leidhafte ebenfalls vergeht. Ist unser frischer Schmerz zuerst unerträglich, wird er mit der Zeit milder und einmal verschwindet er ganz. Der Philosoph Voltaire hat dies treffend ausgedrückt: »Die Zeit heilt alle Wunden.« Auf diese Weise spendet Vergänglichkeit uns Trost. Das Wissen »Es geht wieder vorbei« lässt manche schmerzvolle Situation leichter aushalten. Nehmen wir das Lebensgesetz der Vergänglichkeit an, vermag dessen Trost Betrübliches in unserem Leben zu kompensieren.

Ich finde, wir sollten uns diesen Trost gönnen, wirkt er doch gerade beim Altern besonders segensreich. Je älter wir werden, desto öfter sind wir gezwungen, uns der Vergänglichkeit zu beugen. Mit der Pensionierung, zum Beispiel, kommt das Abnabeln vom aktiven Berufsleben und unserem Status, den wir als Berufstätige besaßen. Dazu verlieren wir an Körperkraft und Flexibilität, müssen Hobbys sein lassen, unseren Bewegungsradius einschränken. Geliebte Menschen sterben vor uns. Möglicherweise können wir nicht mehr alleine wohnen, müssen unsere gewohnte Umgebung, unser Hab und Gut loslassen und in ein Altersheim ziehen. Wir müssen es aushalten, dass gewisse Pläne und Wünsche, die wir hegten, sich nicht erfüllten. Nicht zuletzt müssen wir das Leben selber loslassen.

So möchte ich dir zum Abschluss dieses Kapitels ans Herz legen, dass du dich so früh wie möglich im Erlauben und Loslassen übst. Damit erhöhst du nämlich deine Chance für den Genuss des Älterwerdens, ja, du betreibst sozusagen aktive Altersvorsorge.

Die Übung des Erlaubens und Loslassens folgt den gleichen Gesetzen wie jedes Repetieren: Wege entstehen dadurch, dass man sie geht. Je öfter du keinen Widerstand gegen eine Situation leistest, sondern deine Energie auf den besten Umgang mit ihr lenkst, desto leichter wird es dir das nächste Mal fallen. Deine Erfahrungen werden dich stärken. Erlebst du zum Beispiel, dass der Schmerz über einen Verlust schwächer wird, dass etwas sich unerwartet zum Positiven wandelt, dass Altes an Wichtigkeit verliert und du dich im Neuen gut einnisten kannst, werden diese Erfahrungen dir Mut und Zuversicht schenken. Du weißt jetzt: Etwas zu akzeptieren und loszulassen ist nicht das Ende der Welt. Im Gegenteil – du und die Welt treten in Einklang.

Im Jetzt leben

Ich habe von Anfang an öfter das Wort »Jetzt« in den Mund genommen und dir geraten: »Beginne jetzt. Blicke jetzt hin. Sei jetzt achtsam. Lass jetzt los.« Dies geschah nicht ohne Grund. Das Jetzt, die Gegenwart, erhält beim Älterwerden einen besonderen Stellenwert. Sie ist kostbarer als je zuvor, und deine Chancen für das Genießen des Alters erhöhen sich, wenn du die Zeit, die dir noch zusteht, nicht verpasst.

Im folgenden Kapitel will ich das »Jetzt« zum Gegenstand unserer Betrachtungen machen. Ich möchte dir aufzeigen, welche Rolle die Gegenwart in unserem Leben spielt; dir die Kostbarkeit des gegenwärtigen Momentes nahebringen und dich dazu ermuntern, das Heute zu deinem Lieblingstag zu machen. Nicht zuletzt will ich dich dazu auffordern, dein Leben jetzt zu genießen.

> *»Die Vergangenheit ist nicht mehr. Die Zukunft ist noch nicht gekommen. Das Leben ist hier und jetzt.« (Buddha)*

Lass uns die Diskussion mit der Aussage beginnen, dass weder Vergangenheit noch Zukunft Wirklichkeit besitzen, sondern ausschließlich in unseren Gedanken existieren.

Gestern ist vorbei, morgen ist unbekannt. Einzig der jetzige Augenblick ist fassbare Realität.

Diese Tatsache scheint einleuchtend, der menschliche Geist jedoch kümmert sich keinen Deut darum. Wir Menschen können in unseren Gedanken problemlos Zeitreisen unternehmen und je nach Lust und Laune das Gestern oder Morgen besuchen. Wir rufen uns Vergangenes in Erinnerung und malen die Zukunft aus. Diese menschliche Fähigkeit, sich geistig von der Gegenwart zu lösen, hypothetische Szenarien zu erfinden und über sie nachzudenken, macht uns einzigartig.

Diese Einmaligkeit ist indessen nicht ganz unproblematisch. So schön es ist, in Erinnerungen zu schwelgen, und wie hilfreich die Reflexion von Vergangenem oder die Planung der Zukunft auch sind, unser eigentliches Leben findet in der Gegenwart statt. Sie ist die einzige Zeit, die uns effektiv zur Verfügung steht, und die einzige, auf die wir tatsächlich Einfluss nehmen können. Wollen wir unser Dasein also steuern und auskosten, dürfen wir die Gegenwart weder vernachlässigen noch sie aus dem Blick verlieren.

Das fällt uns im Alltag oft schwer. Immer wieder entfernen wir uns in Gedanken vom gegenwärtigen Moment und begeben uns ins Gestern oder Morgen. Wir hinterfragen uns: »Hätte ich gestern nicht anders reagieren sollen?« Wir sorgen uns: »Wird es morgen wohl klappen?« Wir sehnen uns nach Vergangenem, trauern ihm nach. Wir verwickeln uns in Wunschvorstellungen oder in Schreckensszenarien über die Zukunft. Wir fokussieren auf »war«, »hatte«, »könnte«, »sollte« statt auf: »Es ist«.

Lass mich dir ein Beispiel geben: Meine Reisegefährtin Monika ist der Typ, der gründlich vorplant und sich dann darüber ängstigt, ob der Plan auch wirklich klappen wird. Ihre Gedankenwelt zieht sie also weniger in die Vergangenheit als in die Zukunft. Auf diese Weise sind wir schon oft in einer Gegenwart gestrandet, in der sie sich wegen nichts und wieder nichts aufregte, ängstigte oder stresste. Ich versuche, sie jeweils zu beruhigen, was mir meistens, aber nicht immer gelingt. Ein Misserfolg blieb mir besonders im Gedächtnis, da er eine Art Wendepunkt darstellte: Wir wussten, wir würden spätabends landen, und Monika buchte uns ein Taxi, online und zu einem günstigen Tarif, das uns am Flughafen abholen und zum Hotel fahren sollte. Sie erhielt eine Bestätigungsmail mit der Angabe, der Fahrer werde bei der Nike-Reklame in der Ankunftshalle auf uns warten. Eigentlich wäre damit die Planung abgeschlossen gewesen und wir hätten die Reise in aller Ruhe genießen können.

Doch kaum sitzen wir im Flugzeug, beginnen Monikas Gedanken um die Frage des Treffpunktes zu kreisen. Sie regt sich auf, dass die Firma so ungenaue Angaben macht, und ängstigt sich, ob wir die Reklame finden werden. Ob es sich um ein Plakat handelt? Oder um eine Leuchtreklame?

Möglicherweise ein Nike-Geschäft? Hin und her gehen ihre Gedanken, meine beruhigenden Einwände nützen nichts, und als wir landen, ist sie ein Nervenbündel und nicht mehr zu bremsen.

»Ich warte hier«, schlage ich ihr vor. Ich weiß aus Erfahrung, wann ich mich besser zurückziehe und sie ins Leere laufen lasse. Mein Blick schweift über eine Plakatwand mit einer Nike-Reklame, wahrscheinlich ist das der Treffpunkt. Monika ist aber schon eine Rolltreppe hinauf gehastet und kehrt schließlich wütend zurück: »Niemand wartet beim Sportgeschäft. Jetzt ist Schluss, komm.« Meine Erwähnung der Plakatwand wischt sie weg, und ab geht's zum Taxistand. Wir steigen in das erstbeste ein. Kaum sind wir losgefahren, ruft der gebuchte Fahrer an: »Wo sind Sie? Ich warte schon seit fünfzehn Minuten auf Sie?« »Das kann nicht sein«, protestiert Monika. »Ich war beim Sportgeschäft.« »Sportgeschäft? Ich warte unter der Nike-Plakatwand!«

Arme Monika. Was für ein miserables Resultat ihrer Planung! Und alles nur, weil sie nicht erkannt hatte, dass ihre Zweifel über den Treffpunkt ängstliche Gedankenspielereien waren. Hätte sie das achtsam festgestellt und sich ganz bewusst dem zugewandt, was im Augenblick geschah, wäre sie entspannt im Flugzeug gesessen und hätte die schöne Sicht auf die verschneiten Berggipfel genossen, die wir überflogen. Nach der Ankunft hätte sie sich in Ruhe nach der Nike-Reklame umgesehen und die Plakatwand entdeckt.

Aber nein – sie hatte sich mit ihren ungezügelten Gedanken so weit aus der Gegenwart katapultiert, dass sie die Reise nur noch als Stress erlebte. Das ruhige Ankommen im Hotel und die Freude, es so gut geschafft zu haben, hatte sie sich ebenfalls verdorben. Und als Tüpfelchen auf dem i musste sie für das Taxi doppelt so viel zahlen wie für das ursprünglich gebuchte.

Der Zusammenhang zwischen dem Taxidebakel und Monikas unachtsamem Verhalten war unübersehbar, und als sie sich wieder beruhigt hatte, diskutierten wir darüber. Sie fasste den Vorsatz, sich zu ändern. Von jetzt an würde sie ihre Tendenz, die Zukunft bunt oder schwarz auszumalen, im Auge behalten und vermehrt auf die Gegenwart achten. Selbstverständlich geschah es ihr trotzdem noch viele Male, dass sie die Gegenwart verließ und blindlings in die Zukunft vorauseilte. Sie erkannte jedoch immer deutlicher, was sie sich damit verbaute, und lernte immer besser, wie sie sich das ersparen konnte, und so wurden unsere gemeinsamen Reisen immer entspannter.

Zwei nützliche Tipps für alle, die sich wie Monika auf den Weg zur Gegenwart aufmachen wollen, gebe ich hier gerne weiter. Der erste lautet: Unsere Körper verbinden uns mit der Realität des Augenblicks. Unsere Herzen schlagen immer nur jetzt. Jeden unserer Atemzüge nehmen wir stets im gegenwärtigen Augenblick. Sämtliche Sinne sind jetzt aktiv – wir riechen, schmecken, berühren, sehen, hören nur in der Gegenwart. Habe ich mich geistig verloren und will in die Gegenwart zurückfinden, kann ich mit meinem Körper in Kontakt treten. Er ist mein Anker, er ist immer da, genau hier und gerade jetzt.

Kaum bist du mit deinem Bewusstsein in deinem Körper, befindest du dich in der Gegenwart. So einfach ist das, und der Schritt dahin ist wirklich niederschwellig. Alles, was du tun musst, ist, deine Achtsamkeit auf eine Funktion deines Körpers zu richten. Dabei ist nicht wichtig, auf was du den Fokus richtest – Hauptsache, du kannst die Verbindung herstellen. Vielleicht nimmst du die Berührung deiner Füße mit dem Boden wahr, oder du wirst dir bewusst, was du jetzt gerade siehst, hörst, riechst oder spürst.

Besonders geeignet und sehr beliebt ist die Atmung als Objekt der Aufmerksamkeit. Unser Atem funktioniert jede Sekunde unseres Lebens, und das ganz ohne unser Zutun. So steht er uns jederzeit zur Verfügung und hilft, uns mit dem Körperlichen zu verbinden. Bewusst einatmen, bewusst ausatmen, und du bist auf dem Weg in die Gegenwart. Es ist also kein Wunder, dass sich die meisten Meditationsmethoden auf den Atem als Fokuspunkt der Achtsamkeit konzentrieren!

»Im Jetzt gibt es keine Probleme.«
(Nach Eckhart Tolle)

Bist du einmal in der Gegenwart angekommen, sehen die Dinge gleich anders aus. Das ist der zweite Tipp, den ich mit dir teilen möchte.

Die Gegenwart bietet dir eine Zuflucht, wann immer dich Gedanken oder Gefühle plagen, die mit deiner jetzigen Lage nichts zu tun haben. Bist du im Moment angekommen, verwandelt sich das Problematische.

Was »gestern geschah«, schrumpft und verliert an Intensität. Es ist ja schon vorbei, du hast es hinter dir. Bei dem Gedanken an das, was »morgen geschehen könnte«, musst du schmunzeln. Wie absurd zu rätseln, wo doch niemand wissen kann, was morgen geschieht. »Was hätte sein können« und »was ich gerne hätte« lösen sich wie Wolken am Himmel auf. Das Problematische verliert an Macht. Du erkennst deine Gedanken als das, was sie sind, nämlich Gedanken.

Wo du gerade noch meintest, deine Probleme seien unüberwindbar, nimmst du jetzt wahr, dass die Sonne scheint, ein Vogel zwitschert, dass du genug zu essen hast, ein Dach über dem Kopf und am Leben bist. Du vermagst alles Schöne rund um dich zu erkennen. Du siehst, was in diesem Augenblick gut funktioniert. Es gibt so vieles, das dir jetzt gerade geschenkt wird, das du genießen und wofür du dankbar sein kannst. Ohne die belastenden Gedanken an gestern oder morgen tritt Freude in den Vordergrund und es fällt dir leicht, sie anzunehmen und zu genießen. Jetzt gerade hast du schließlich keine Probleme.

> »Welchen Tag haben wir?«, fragte Pooh
> Bär. »Es ist heute«, quiekte Ferkel.
> »Mein Lieblingstag!«, sagte Pooh.
> (Nach A. A. Milne)

Je älter wir werden und je weniger Zeit uns bleibt, desto wertvoller sind die Momente, die wir noch haben. Poetisch ausgedrückt könnte man sagen: In der Jugend rinnt Sand durch das Stundenglas, im Alter wandelt sich der Sand zu Gold. Wie lange das Gold noch rinnen wird, ist ungewiss, aber auf das Heute können wir uns hundert Prozent verlassen. Es ist uns sicher, und wenn wir es, wie Pooh Bär, als unseren Lieblingstag erklären, spinnen wir täglich Gold.

Täglich Gold zu spinnen ergibt beim Älterwerden mehr Sinn, als die Gegenwart der Zukunft zu opfern. Früher war es natürlich anders: Wann immer wir ein Ziel anpeilten, wir etwas aufbauten, wir weiterkommen und die Karriereleiter hinaufklettern wollten, lag es in unserem Interesse, das Heute dem Morgen zu opfern. Solche Opfer werden jedoch immer zweckloser, wenn unsere Zukunft zu schrumpfen beginnt. Sie stehen dem Genuss und der Freude an unserem heutigen Leben im Weg. Vergessen wir nicht: Auch Genuss kann nur im Hier und Jetzt stattfinden. Jetzt riechen wir den Duft der Rose, jetzt umarmen wir die Enkelkinder, jetzt lesen wir ein spannendes Buch. Sogar die Vorfreude auf zukünftigen Genuss geschieht jetzt, wie auch das Schwelgen in Erinnerungen. Leben findet eben wirklich nur jetzt statt. So ermuntere ich dich, lieber Leser und liebe Leserin, immer öfter und immer länger im Jetzt zu verweilen und dadurch die Lebenszückerchen, die dir geboten werden, nicht zu verpassen.

2. Wie du die Gunst der Stunde nutzen kannst

Bisher beschäftigten wir uns mit inneren Haltungen wie zum Beispiel Sichtwechsel, Achtsamkeit oder Loslassen, die uns ermöglichen, die Gunst der Stunde zu nutzen und die Privilegien des Alters tatsächlich zu genießen. Zur Illustration unseres Unternehmens hatte ich ein Bild kreiert: Wir schmieden den Schlüssel zur »Schatzkiste des Alters«. Diesen Schlüssel haben wir nun in der Hand. Wir können die Schätze freilegen. So werde ich im Folgenden einen Schatz nach dem anderen aus der Kiste heben und betrachten, was er uns an Wertvollem mitgibt. Prosaisch ausgedrückt stelle ich dir die Ressourcen und Vorteile vor, die uns zur Verfügung stehen, wenn wir nicht länger jung sind.

Die Vorteile, nicht mehr jung zu sein

Wie angekündigt schwimme ich in diesem Buch gegen den Strom, indem ich mich der gesellschaftlich vorherrschenden Einschätzung des Alters nicht anschließe. Ich fröne keinem Jugendkult, der alles daransetzt, möglichst nicht altern zu müssen.

Ich wehre mich gegen negative Wahrnehmungen von uns »Senioren«, gegen die Unsitte, uns ungeduldig und bevormundend zu behandeln. Ich finde es nicht besonders schmeichelhaft, wenn uns vor allem dann Respekt gezollt wird, wenn wir als finanzstarke »reife Konsumenten« auftreten. Dem Alter, finde ich, gebührt Wertschätzung und Würde.

Die Jugend ist bei weitem nicht die Krönung der Schöpfung. So wie weißes Haar kein Zeichen dafür ist, gaga und unnütz zu sein, so bedeutet Jugendlichkeit nicht automatisch Weisheit und Effizienz. Viel Energie zu haben, aber wenig Lebenserfahrung, ist keine Kombination, die gute Entscheidungen garantiert. Die geringere Kraft, aber größere Lebenserfahrung des Alters ist meiner Meinung nach ein vielversprechender Mix. Nicht ohne Grund sagt man, dass die schönsten Töne auf den ältesten Geigen gespielt werden. Statt also über den Verlust unserer Jugendlichkeit zu trauern, lasst uns die Vorzüge feiern, die wir besitzen, wenn wir nicht mehr so glatthäutig und schwungvoll sind.

Mehr Lebenserfahrung

Wie geht es dir, wenn du an deine Jugendzeit zurückdenkst? Tust du das mit einer Prise Nostalgie oder eher mit Verwunderung? Ich persönlich muss staunen, vergleiche ich meine heutige Person mit derjenigen der jungen Erwachsenen. Sie ist mir praktisch eine Fremde geworden. Ich kann kaum mehr nachvollziehen, wie ich damals meine Entscheidungen traf.

Aus der heutigen Perspektive scheint mir mein jüngeres Ich zwar eine erlebnisreiche, aber anstrengende Zeit gehabt zu haben. So viele Antworten hatte es zu finden, dabei wurde es stets von stark drängenden Bedürfnissen angetrieben. Ich bin froh, dass ich das hinter mir habe. Ich laufe heutzutage viel entspannter und zufriedener durchs Leben, ich bin verwurzelter und meiner Sache sicher.

> *»In der Jugend lernen wir, im Alter verstehen wir.« (Marie von Ebner-Eschenbach)*

Als junge Menschen gab es nicht nur in der Schule eine Menge zu lernen. Ständig begegneten wir Unbekanntem, jede neue Erfahrung war die erste dieser Art. Wir hatten noch keine Ahnung, wie die Dinge sich entwickeln könnten; wussten nicht, dass man in Sackgassen geraten konnte, dass der Erfolg nicht immer eintrat. Fehlschläge und Enttäuschungen trafen uns hart, wir mussten erst lernen, wie mit ihnen umzugehen ist. Wir wurden rasch verunsichert, gleichzeitig verstanden wir alles besser. Wer wir waren, ignorierten wir, konzentrierten uns stattdessen darauf, wie wir wirken wollten.

Mit den Jahren wuchs unser Verständnis vom Lauf der Welt und von uns selber. So ist es kaum erstaunlich, dass unsere Übersicht zunahm, je älter wir wurden. »Das Alter ist für mich kein Kerker, sondern ein Balkon, von dem man zugleich weiter und genauer sieht«, sagt Marie Luise Kaschnitz, und ich stimme ihr zu.

Wir haben auf unserem Weg durchs Leben manche Höhen und Tiefen durchwandert, manche Stürme überstanden. Wir wissen, wie es ist, eine Niederlage einzustecken und das zu überleben. Wir haben Höhepunkte erreicht, und wir haben erlebt, wie sie verblassten. Wir trugen Verantwortung und gaben den Ton an, wir befolgten Regeln und führten Aufträge aus. Wir forschten, schulten, leiteten, pflegten. Mit jedem Lebensjahr erweiterte sich unser Wissenshorizont.

Heute besitzen wir ein vertieftes Verständnis für die Komplexität des Lebens und erkennen Zusammenhänge viel rascher als früher. Die Ruhe zu bewahren fällt uns leichter, wir reagieren überlegter und lassen uns nicht so leicht aus der Fassung bringen. Das erlaubt uns, klügere Lösungen zu erarbeiten, als uns das als »Grünschnäbel« möglich gewesen war. Wie Ralph Waldo Emerson treffend festgestellt hat: »Die Jahre lehren viele Dinge, die man von Tagen nicht lernen kann.« So ist es nicht verwunderlich, dass wir im Alter einen gewaltigen Vorsprung an Weisheit besitzen, der sich zu unserem Wohl einsetzen lässt.

Mehr freie Zeit

Hand aufs Herz – wer hat sich beim täglichen Herumhetzen noch nie gewünscht, mal genug Zeit für all das zu haben, was man lieber täte? Zeit ohne Ansprüche von außen, Zeit zum Ausspannen und gar nichts tun?

Genau diese Zeit nun ist der Schatz, der uns im Alter in den Schoß fällt. Endlich ist es so weit, dass wir tun dürfen, was wir wollen. Welch ein Privileg!

»Reichtum ist,
wenn man über seine Zeit herrscht.«
(Peter Høeg)

Mehr Zeit zur eigenen Verfügung zu haben, ist eines der größten Privilegien des Älterwerdens. Wir müssen nicht länger von diesem zu jenem eilen, im vorgeschriebenen Takt des Schulstundenplans. Die Kinder sind ausgezogen. Wir sind nicht länger gezwungen, zu stressen, den Terminen und Deadlines unseres Arbeitgebers nachzurennen. Wir sind pensioniert. Wir müssen keine Überstunden mehr machen, Befehle befolgen, unsinnigen Pflichten nachkommen, noch im Dunkeln aufstehen oder regelmäßig im Stau stehen.

Jetzt, da unsere Pflichten abnehmen, können wir uns endlich den Dingen zuwenden, die während unseres früheren Alltagslebens ins Hintertreffen geraten waren. Was bis jetzt zu kurz kam, vermögen wir nachzuholen: Wir können ausbalancieren, was wir zu lange vernachlässigt hatten. Lang gehegte Träume lassen sich verwirklichen, Herzenswünsche erfüllen.

Wir haben zudem reichlich Muße, um Neues auszuprobieren oder vorhandene Interessen zu vertiefen. Natürlich können wir es uns ebenfalls leisten, gar nichts tun: uns Zeit nehmen, um nachzudenken, die Seele baumeln zu lassen, den ziehenden Wolken nachzuschauen, ein Schlummerchen zu machen. Wir haben genug Zeit, um eine Pause einzulegen, wann immer uns danach zumute ist. Wie reich werden wir beschenkt!

Weniger Ansprüche

Charlie Chaplin beschrieb auf schalkhafte Weise, wie ein weiteres Privileg des besten Alters aussieht: »Ein großer Vorteil liegt darin, dass wir nicht länger die Dinge begehren, die wir uns früher aus Geldmangel nicht leisten konnten.« Tatsächlich ändern sich beim Älterwerden unsere materiellen Ansprüche. Frühere Wünsche sind verblasst. Was wir als das Beste vom Besten einschätzten, lässt uns heute kalt. Wir sind eher damit beschäftigt, auszumisten, als anzuschaffen.

Die Ansprüche an uns selber wandeln sich ebenfalls. Sie werden bescheidener. Wollten wir einmal die ganze Welt retten, setzen wir uns heutzutage in der Nachbarschaft ein. Das genügt uns. Wollten wir einmal berühmt werden, sind wir heute nur noch ehrgeizig, das Saxophon besser spielen zu können oder beim Kegeln zu gewinnen. Schaffen wir das, fühlen wir uns befriedigt. Mehr brauchen wir nicht.

»Alter liebt das Wenig, Jugend das Zuviel.« (Joseph Joubert)

Zum Glück, kann man sagen, verringern sich unsere Ansprüche beim Altern. Gut, dass wir mit weniger zufrieden sind. Je älter wir nämlich werden, desto näher kommen wir zu dem Punkt, an dem wir gar nichts mehr haben werden. Unersättlichkeit wäre im Alter fehl am Platz.

Bescheidene Ansprüche sind zu unserem Vorteil. Sie schaffen vermehrt Gelegenheiten zur Freude. Ein blauer Himmel genügt schon, um uns in eine gute Laune zu versetzen. In Ruhe einen spannenden Krimi zu lesen, finden wir herrlich. Was wir früher als selbstverständlich sahen, gewinnt an Qualität: ein Spaziergang im Wald, Tulpenzwiebeln setzen, dem Enkelkind ein Märchen vorlesen.

Und so, indem wir geringere Erwartungen ans Leben stellen, genießen wir, was wir schon haben. Wir üben uns, mit anderen Worten, in der hohen Kunst, die uns den Genuss des Älterwerdens versüßt: Nichts zu erwarten und alles zu schätzen.

Weniger Druck

Im besten Alter ist für uns Schluss mit der Anpassung. Wir sind von den Erwartungen an unsere Leistungen befreit, nicht länger in fixen Rollen eingeengt. Der oder die Beste zu sein, spielt keine Rolle mehr. Weiterzukommen, ständig nach vorne zu schauen, um noch mehr zu verbessern, verdienen, verkaufen, ist vorbei.

Wir können aufatmen. Druck fällt von uns ab, und eine Leichtigkeit tritt in unser Leben. Wir gewinnen gar eine gewisse Narrenfreiheit, die Albert Einstein auf lustige Weise beschrieben hat: »Ich habe ein Alter erreicht, in dem ich dann, wenn mir jemand sagt, ich solle Socken tragen, das nicht tun muss.«

> *»Das Alter macht uns leichtsinniger*
> *und vernünftiger.«*
> *(François de La Rochefoucauld)*

Im besten Alter verspüren wir nur wenig Lust, uns an Erwartungen anzupassen. Wir legen eine sorglose Mutwilligkeit an den Tag, tun oder sagen Dinge, die wir früher nicht gewagt oder uns nicht zugetraut hätten. Wir neigen dazu, eigene Interessen zu verfolgen, dafür Ziele und Aufgaben loszulassen, die uns nicht entsprechen. Wir sind entschlossen, den Fokus auf das zu richten, was uns wirklich wichtig ist.

Und wisst ihr was, liebe Leser und Leserinnen? Wir können uns all dies erlauben, ohne unschöne Konsequenzen davonzutragen. Im besten Alter sind wir uns schließlich im

Klaren, was vernünftig ist und was nicht. Wir wissen, was wir können, aber auch, was wir nicht mehr wollen.

Sehnten wir uns schon lange danach, einen Lebensstil zu pflegen, der uns sinnstiftender scheint, ist die Chance jetzt gekommen. Der wegfallende Druck gibt uns die Möglichkeit, authentisch und unseren eigenen Werten treu zu sein. Aufbauend auf unserem erworbenen Lebenswissen können wir sozusagen ein neues Leben anfangen, ohne das alte wegwerfen zu müssen. Ist das nicht eine gute Aussicht?

Die Chancen beim Schopf packen

Es ist offensichtlich: Im Alter werden wir reichhaltig beschenkt. Uns stehen handfeste Privilegien und tolle Chancen zur Verfügung. Diese wollen wir uns natürlich nicht entgehen lassen. Damit das nicht geschieht und das Glück uns zwischen den Fingern zerrinnt, haben wir im ersten Teil des Buches diejenigen inneren Haltungen studiert, die wir brauchen, um die Freuden des Alters effektiv genießen zu können.

Grundsätzlich weißt du jetzt also, wie du deine Chancen beim Schopf packen kannst. In der Praxis aber werden sie dir sicher einige Male entgleiten. Du wirst wahrscheinlich erst einmal stolpern und eine Weile brauchen, bis du erkennst, wo dein Widerstand dich bremst, welche Drehbücher nicht mehr stimmen, was du loslassen kannst und wo deine Achtsamkeit unbedingt nötig ist.

Die Hindernisse, die dir im Weg stehen, sind entweder von gesellschaftlichen Normen oder von dir selbst platziert worden. Wie du sie erkennst und aus dem Weg räumen kannst, werden wir als Nächstes betrachten. Als Zugabe male ich dir aus, wie das Beherrschen der angemessenen Haltung aussieht. Damit wirst du Zeuge, wie gut sich die besten Jahre anfühlen können.

Wollen statt müssen

Das wohl offensichtlichste Privileg beim Älterwerden ist die Freiheit, die wir gewinnen, sobald wir nicht länger in Eltern- oder Berufspflichten eingebunden sind, und die Zeit, die uns zur eigenen Verfügung steht.

In dem Maße, wie unser Pflichtenberg abnimmt, wächst unsere Selbstbestimmung. Eigenmächtig bestimmen wir, was wir tun wollen und worauf wir Lust haben. Unsere Zeit lässt sich nach eigenem Gutdünken gestalten, und zwar Tag um Tag, nicht allein in den Ferien. Wir müssen uns nicht länger von Wochenende zu Wochenende retten. Jeden Morgen können wir selbst entscheiden, wann wir aufstehen wollen, wie die Stunden einzuteilen und womit wir unsere Zeit ausfüllen.

Findest du das auch herrlich? Nicht immer? Ja, ich stimme dir zu. Es braucht etwas Gewöhnung und Planung, sich von

»zu wenig Zeit haben« abzunabeln und mit »alle Zeit der Welt haben« anzufreunden. Plötzlich fehlt die vorgegebene Routine. Du musst den Tag gestalten, selber entscheiden, womit du ihn verbringen willst. Das klappt oft nicht auf Anhieb und muss etwas eingeübt werden.

Trotzdem bleibt der Tausch von Müssen mit Wollen eine wunderbare Chance. Die ungebundene Zeit ermöglicht uns, in aller Gründlichkeit auf das zu fokussieren, was uns wohltut, nährt und erfreut.

Natürlich gibt es immer noch Aufgaben, denen wir nachkommen müssen, unser Alltagsleben geht schließlich weiter. Aber für keine dieser Arbeiten gilt es, Zeit freizuschaufeln und sie irgendwo reinzuquetschen. Wir wählen, wann wir was tun wollen. Freiwilligkeit und Wahlmöglichkeit sind unser Privileg.

Wie wir die neu gewonnenen Freiheiten effektiv nutzen, hängt von jedem Einzelnen ab und ist für uns alle verschieden. Segeln wird gelernt, ein Buch wird geschrieben, Bilder werden gemalt, auf einem Pilgerweg wird gewandert, in den Gemeinderat wird eingetreten und Chorsingen wird aufgenommen. Manche gehen extensiv auf Reisen, andere praktizieren soziales Engagement oder erforschen spirituelle Pfade. Die Liste ist endlos, und es ist nicht das Ziel dieses Buches, Ideen zu geben, was mit der freien Zeit anzufangen wäre – die Planung deines Altersalltags überlasse ich dir.

Wie angekündigt geht es jetzt vor allem darum, dich zu befähigen, deine Privilegien wirklich wahrzunehmen und das aus dem Weg zu räumen, was dich daran hindert. So werde ich im Folgenden das Augenmerk auf die Fähigkeit lenken, das Wort »Nein« auszusprechen.

Für viele von uns ist »nein« sagen zu können ein schwieriges Unterfangen. Es jedoch nicht zu beherrschen verurteilt uns zu »müssen« und wir verpassen damit den uns zustehenden Genuss des Wollens.

> *»Die Freiheit des Menschen liegt nicht darin, dass er tun kann, was er will, sondern dass er nicht tun muss, was er nicht will.« (Jean-Jacques Rousseau)*

Wie Rousseau deutlich macht, ist Freiheit die Unabhängigkeit, die du genießt, wenn du nicht tun musst, was andere von dir wollen oder erhoffen. Statt dich fremden Vorstellungen und Erwartungen anzupassen, bist du frei, dir selber treu zu bleiben. Du musst dich nicht zwingen, etwas zu tun, weil »es sich so gehört«. Du gibst dir nicht ständig Mühe, es allen recht zu machen. Du hast kein schlechtes Gewissen, eine Bitte mit einem Nein abzuschlagen. Du engst dich nicht selber ein, du gestattest dir, zu sein, wie du bist. Du bleibst authentisch. Du bist frei.

Die Freiheit wirklich auszuüben, ist einfacher gesagt als getan. Uns selber treu zu bleiben, braucht Mut. Um nein zu sagen, müssen wir etwas Mumm an den Tag legen, vor allem, wenn wir es bisher nicht gewöhnt waren, Widerstand gegen Ansprüche zu leisten.

Es kann uns Überwindung kosten, einen Wunsch nicht zu erfüllen, eine Bitte abzuschlagen, einer Erwartung nicht zu entsprechen, die eigenen Bedürfnisse in den Vordergrund zu stellen. Schnell haben wir das Gefühl, wir seien egoistisch. Wir werfen uns vor, asozial und hartherzig zu sein, denn eine Absage, nur weil wir keine Lust haben, finden wir wahrlich nicht anständig. Wir haben Angst, unsere Freunde und Lebensgefährten zu verlieren und alleine zurückzubleiben.

Kommen dir solche Gefühle bekannt vor? Ich kann dir versichern, dass du nicht die oder der Einzige sein wirst. Das bedeutet jedoch nicht, dass alle, die nein sagen, wirklich egoistisch sind und ihnen eine soziale Isolation bevorsteht. Es gibt kein universales Gesetz, dass eine Person nur dann gut ist und geliebt wird, wenn sie jeden Wunsch erfüllt.

Eine Bitte um Hilfe muss nicht automatisch mit ja beantwortet werden. Im Gegenteil: Ja zu sagen statt nein tut uns selber oft nicht gut. Grenzen ziehen zu können, ist eine wichtige Voraussetzung für unsere Integrität. Abgrenzungen schützen uns davor, uns selbst aufzuopfern oder ausnützen zu lassen, sie lassen uns authentisch bleiben.

Welche Folgen es haben kann, wenn keine Abgrenzungen gemacht werden, möchte ich dir an einem Beispiel demonstrieren. Es handelt von Kathrin, einer Schulkollegin von mir, die ich vor ein paar Jahren an einem Klassentreffen wiedersah. Ich erinnere mich noch gut an die Begegnung, war es doch das erste Mal, dass Kathrin bei unseren Treffen dabei war.

Vor Jahren, als ihre Kinder noch klein waren, zog sie mit ihrem Mann, einem Geologen, nach Colorado auf eine Forschungsstation, die weitab von der Zivilisation lag. Nun war sie wieder heimgekehrt, als geschiedene Frau. Ich saß beim Abendessen zufällig neben ihr, und wir kamen ins Gespräch. Sie erzählte mir, wie es zu der Schicksalswende gekommen war, während wir dazu fast eine ganze Flasche Wein leerten.

»Ich bin der klassische Fall einer Frau«, begann sie ihre Erzählung, »die immer brav tat, was von ihr erwartet wurde. Das fing schon im Elternhaus an. Ich wollte nach dem Gymnasium eigentlich im Konservatorium für Musik Klavier studieren, aber meine Eltern fanden, Musik sei nur gut als Hobby, ich solle einen richtigen Beruf erlernen. Sie empfahlen Lehrerin, und so wurde ich Lehrerin. Später ließ ich meinen Lebensstil von meinem Mann bestimmen, und das bekam mir mit der Zeit immer weniger gut.« Kathrin nahm einen Schluck Wein und fuhr fort: »Am Anfang war ich zwar voll begeistert und empfand unser Leben in der Wildnis als ein tolles Aussteigerabenteuer. Wir lebten in der Natur, unsere Jungs hatten Wald und Wiesen als Spielplatz. Ich setzte Gemüse an, hielt Hühner, nähte Vorhänge und Kleider, und kümmerte mich um den Haushalt. Sicher, wir waren dreißig Kilometer von der nächsten Einkaufsmöglichkeit entfernt und im Winter oft tagelang eingeschneit, aber anfangs störte es mich nicht, wenig Gesellschaft zu haben und null Kultur, ich hatte einen ausgefüllten Alltag. Als die Knaben ins Schulalter kamen, übernahm ich ihre Ausbildung. ›Homeschooling‹ war gang und gäbe, und schließlich war ich Lehrerin. Von da an hatte ich praktisch keine einzige Minute mehr für mich. Das Elektropiano, das ich von Zuhause mitgenommen und regelmäßig gespielt hatte, verstaubte in einer Ecke. Ich merkte, dass ich ein Mädchen für alle und alles geworden war, und meine Interessen nicht nur in den Hintergrund gerückt, sondern komplett abhandengekommen waren. Ich glaube, ich wurde etwas depressiv, auf jeden Fall machte mir nichts mehr Freude.«

Ich konnte mich nicht zurückhalten. »Das ist ja unglaublich!«, rief ich. »Hat dein Mann denn nie die Hand angelegt, dich unterstützt? Hast du ihn überhaupt je um Hilfe gebeten?«

»Doch, ich habe schon anklingen lassen, dass ich nicht so glücklich war mit der Situation. Aber weißt du, er war eben vollauf mit seiner Karriere beschäftigt, und ich fand es grundsätzlich richtig, ihm den Rücken freizuhalten. Schließlich ermöglichte er der Familie ein stabiles und gesichertes Dasein. Ich wollte auf keinen Fall eine nörgelnde Ehefrau sein.«

Ich sah sie entgeistert an.

»Ich weiß, ich weiß«, Kathrin hob die Schultern. »Heute sehe ich es anders, aber damals glaubte ich wirklich, etwas für mich zu fordern, würde der ehelichen Harmonie schaden. Nicht etwa, dass Klaus anspruchsvoll war, er nahm einfach meine Dienste für selbstverständlich.«

»Er hat also nicht einmal gemerkt, dass seine Frau unglücklich ist! Und du schwiegst. Was für eine Zwickmühle! Kamt ihr da wieder heraus?«, wollte ich wissen.

»Äußerlich schon, ja. Klaus wollte, dass die Jungs nach der Grundausbildung in einer ›richtigen‹ Schule weitermachen konnten, und er nahm eine Dozentenstelle in einer größeren Stadt an. Wir zogen in ein großzügiges Haus auf dem Universitätscampus und hatten endlich wieder Zugang zu Kultur und Gesellschaft. Ich hatte sogar ein eigenes Zimmer zum Klavierspielen und Nähen. Ich war zuversichtlich, dass es wieder aufwärtsgehen würde.

Aber leider war dies nicht der Fall. Zwar hatte ich anfangs endlich Zeit, um täglich Klavier zu spielen und mein eingerostetes Können aufzupolieren, doch nach und nach häuften sich Verpflichtungen, die meine Zeit fraßen. So hatte, zum Beispiel, der Schulleiter herausgefunden, dass ich Lehrerin war, und mich angefragt, ob ich meine Fähigkeiten einer wohltätigen Organisation zur Verfügung stellen und unterprivilegierten Kindern Nachhilfeunterricht geben würde. Ich fühlte mich geschmeichelt, dass ich angefragt wurde, und es war ja auch für einen guten Zweck, also sagte ich zu. Diese Tätigkeit kostete mich jedoch viel Zeit, ohne dass sie mir viel gab. Mein Herz schlug eben nicht beim Unterrichten höher, sondern in der Musik.«

»Ehrlich gesagt«, warf ich ein, »hast du dir das alles selbst eingebrockt. Du vermochtest dich einfach nicht abzugrenzen. Deinem Mann kann man die Schuld dafür nicht in die Schuhe schieben.«

»Ich weiß, ich mache Klaus auch keine Vorwürfe deswegen. Es war etwas anderes, das das Fass schließlich zum Überlaufen brachte. Sein Bruder verlor eines Tages seine Stelle und hatte mit einem Zusammenbruch reagiert. Mein Mann lud ihn ein, sich bei uns zu erholen, um wieder auf die Beine zu kommen. Ich verstand die Besorgnis um seinen Bruder, der schon immer ein Sorgenkind gewesen war, aber ich wäre schon gerne auch konsultiert und nicht einfach vor vollendete Tatsachen gestellt worden. Immerhin musste ich mein Zimmer hergeben, und ich war diejenige, zu deren Sorge der Bruder wurde. Er verbrachte nämlich den ganzen Tag vor dem Fernseher, ohne einen Finger zu rühren. Da er so instabil war, wollte ich ihm den Alltag nicht noch schwerer machen, und so kochte, putzte, und wusch ich für ihn, hörte mir zudem seine endlosen Klagen an. Ich war, kurz gesagt, wieder das Mädchen für alles geworden und mein Piano verstaubte erneut. Dieses Mal musste ich mir Antidepressiva verschreiben lassen.«

»Kein Wunder«, entfuhr es mir, »du hast ja alles in dich hineingefressen, statt mal tüchtig auf den Tisch zu hauen.«

»Eben, ja. Erst fehlte mir der Mut, dann die Kraft. Schlussendlich war es eine extreme Situation, die mich aus meiner Passivität herauskatapultierte.«

Ich spitzte die Ohren: »Dein Mann ging fremd?«

»Nein!«, entgegnete Kathrin. »Nichts dergleichen. Es war, wie soll ich sagen? Es klingt etwas komisch, aber es war das Sterben meiner Mutter, das mich wachgerüttelt hat.« Sie seufzte. »Sie wurde schwer krank, weißt du, und das gab mir den Vorwand, Klaus und die Jungs in Amerika zu lassen und alleine nach Hause zu fahren, um sie zu pflegen. So traurig die Sterbebegleitung auch war, jene Zeit hat mir sozusagen das Leben gerettet. Aus der Distanz sah ich plötzlich deutlich, wie ich mich und meine Bedürfnisse in all den Jahren hintangestellt und ein fremdbestimmtes Dasein geführt hatte. Ich realisierte, dass ich die Hälfte meines Lebens schon den Wünschen anderer geopfert hatte. Ich wusste: Als Endfünfzigerin war ich als Nächste an der Reihe mit dem Sterben. Das erschütterte mich. Der Tod meiner Mutter machte mir zudem deutlich, wie kostbar die Jahre waren, die ich noch hatte. Ich wollte sie nicht länger vergeuden, wollte endlich für meine Interessen einstehen, nicht länger in Amerika leben, Zeit haben für meine Musik. Ich war entschlossen, eine Änderung herbeizuführen, und das gab mir den Durchhaltewillen für die Verhandlungen mit meinem Mann. Diese verliefen zäh, ohne dass wir einen Kompromiss fanden. Wir hatten uns offensichtlich auseinandergelebt, und so ließen wir uns scheiden. Und voilà!«, Kathrin breitete die Arme aus: »Hier bin ich! Frei, mein Alter nach meinem eigenen Gusto zu gestalten. Ich muss mich natürlich immer noch darin üben, mich abzugrenzen, meine Anpassungsbereitschaft sitzt tief, doch Antidepressiva sind definitiv eine Sache der Vergangenheit.« Sie strahlte mich an und hob das Glas: »Ein Prosit auf die Freiheit!«

»Es ist nie zu spät, so zu sein, wie man es gerne gewesen wäre.« (George Eliot)

Ich war froh zu hören, dass Kathrin den Mut aufgebracht hatte, sich aus der Passivität zu befreien und die Verantwortung für ihr Leben in die eigenen Hände zu nehmen. Das gab ihr die Chance, ihr Alter selbstbestimmt zu gestalten. Ihre Erzählung hatte mich aber auch erschüttert. Sie hatte ihre Bedürfnisse so lange hintangestellt, dass sie wirklich geglaubt haben musste, die wahre Aufgabe einer Frau sei, für andere zu sorgen. Wahrscheinlich war ihr das schon früh eingebläut worden. Überhaupt musste die Wertschätzung ihrer selbst gering gewesen sein, sonst hätte sie sich doch bestimmt nicht aufgeopfert, und noch dazu im Gefühl, sie müsse das. Sicher hatte sie auch Angst vor Konflikten. Hatte man ihr eingedrillt, dass ein Nein andere verletzt und zu Kritik führt?

Genau weiß ich es nicht. Ich kann einzig feststellen, dass es offensichtlich viele Komponenten gibt, die jemanden zum Jasagen verleiten. Manche Menschen fühlen sich gut und stark, wenn sie helfen können; manche meinen, sie seien schlecht, wenn sie es nicht tun. Andere wiederum glauben, dass sie weniger wichtig sind als ihre Mitmenschen oder dass sie von ihnen nur wichtig genommen werden, wenn sie sich nützlich machen. Vielen sitzt die Angst im Nacken, verlassen zu werden, wenn sie Ansprüche nicht erfüllen. Wir alle haben verschiedene Selbstbilder und Glaubenssätze, die uns dazu bringen, zu oft ja und zu selten nein zu sagen.

Was die Geschichte von Kathrin aber allgemeingültig demonstriert, ist die Tatsache, dass es niemandem guttut, sich nicht ernst zu nehmen. Die Fähigkeit, sich treu zu sein, ist für unser Wohlbefinden maßgebend.

Nicht zuletzt zeigt Kathrins Schicksal auf, dass es nie zu spät ist, die eigene Authentizität zurückzuerobern. Eine wahrlich positive Botschaft, nicht wahr? Lass uns also als Nächstes betrachten, wie wir diese umsetzen können.

»Schwing' dich aus allem heraus, was dich beengt!« (Bettina von Arnim)

Dieser Rat von Bettina von Arnim trifft meiner Meinung nach den richtigen Ton: Nimm dir deine Freiheit mit Schwung. Es gibt keinen guten Grund, dich einzuengen. Hör auf zu müssen, fang an zu wollen. Sag beschwingt nein.

Ich gebe zu: So schön das klingt, nein sagen will etwas geübt sein. Es kann eine Weile dauern, bis es ganz locker und entspannt ausgesprochen werden kann. Aber eigentlich gibt es keine unüberwindlichen Hindernisse auf dem Weg, außer den Knüppeln, die du dir selber vor die Füße legst.

So ist der erste Schritt zum beschwingten Nein das Hinschauen und Überprüfen deiner Glaubenssätze. Wie du das angehen kannst, hast du im ersten Teil des Buchs erfahren. Jetzt gilt es das Gelernte anzuwenden und dich zu fragen: Wie gut kann ich mir treu sein? Welche Selbstbilder halten mich davon ab? Was ängstigt mich? Sei achtsam und beobachte, wie du Grenzen setzt. Welche Muster zeigen sich?

Bist du dir klargeworden, wie du tickst, und weißt du einmal, welches Drehbuch es umzuschreiben gilt, bist du bereit für den nächsten Schritt: das Loslassen. Auch diesen Prozess haben wir bereits durchleuchtet. Nun führst du ihn im Zusammenhang mit dem Neinsagen aus: Du lässt los, was überholt ist und dir nicht dient – ganz besonders das schlechte Gewissen!

Von Altlasten befreit, brauchst du die Reaktion der anderen nicht länger persönlich zu nehmen. Du wirst dir immer sicherer, dass nein zu sagen keine böse Tat ist, und du nicht hartherzig bist. Du gehst davon aus, dass deine Bedürfnisse zählen und sie denen der anderen ebenbürtig sind. Du weißt, dass du etwas wollen darfst, auch wenn es jemandem gegen den Strich geht. Ein Nein, das ist dir klar, ist keine Beleidigung, keine Frechheit, keine Gefahr, kein Drama. Du willst etwas nicht, das ist alles. Du setzt Grenzen, und das ist rundum gesund.

Vergiss dabei aber nicht: Dein Umfeld braucht meist eine Weile, bis es sich daran gewöhnt hat, dass du nicht länger jeden Wunsch erfüllst. Sagst du zum Beispiel als Großvater nicht jedes Mal ja, wenn deine Enkelin etwas von dir finanziert haben will, bist du deswegen kein Rabengroßvater. Du darfst einen Wunsch abschlagen, egal aus welchem Grund.

Wer dir Vorwürfe macht, dich der Unfreundlichkeit bezichtigt oder dich herzlos findet, hat ein Problem und produziert daraus ein Drama. Mach es nicht zu deinem. Du kannst Verständnis zeigen, aber es bleibt beim Nein.

Mit dem Hinschauen und Loslassen hast du dir das nötige Rüstzeug geholt, um zur Tat zu schreiten. Diese sieht jedoch etwas anders aus, als du sie dir möglicherweise vorgestellt hast. Wenn du um etwas gebeten wirst, äußerst du nämlich weder ein Ja noch ein Nein. Stattdessen folgst du der goldenen Regel: Du hältst erst mal den Mund. Du antwortest nicht sofort, sagst weder zu noch ab. Du lässt dir Zeit. Mehr als »Du hörst von mir« gibst du nicht preis.

Bevor du dich entscheidest, prüfst du die Folgen eines Ja. Werde ich es bereuen? Bringt es mir Freude, eine Anregung? Übernehme ich Aufgaben, die ich gar nicht will? Habe ich überhaupt Zeit dafür? Ist es mir eigentlich zu viel? Täte ich lieber etwas anderes?

Prüfe deine Motivation. Woher kommt sie? Ist der Grund deiner Zusage nicht heilsam, entspringt er zum Beispiel der Selbstabwertung, sag nein. Ist eine Zusage nicht authentisch und müsstest du sie bereuen, sag nein. Macht dir etwas keine Freude, sag nein. Eigentlich ganz einfach ...

Hast du den Weg zum authentischen Nein einmal unter die Füße genommen, kann ich dir versichern, dass es mit der Zeit egal wird, ob du ja oder nein sagst. Du wirst dabei stets beschwingt sein, da du dir so oder so treu bleibst.

Du sagst ja, wenn du willst, und nein, wenn du willst. Du tust, was du willst, und du willst, was du tust. Vom Müssen schwingst du dich frei.

»Ab sofort bin ich nur noch ich.
Alles andere ist mir auf die Dauer zu an-
strengend.« (Ernst Ferstl)

Kannst du authentisch sagen, was du willst und was nicht, wirst du flexibler. Du bist bereit, zu verhandeln, dein Nein zu lockern, gar in ein Ja umzuwandeln. Gerade in Beziehungen und in der Familie ist das von Vorteil, denn oft ist es unumgänglich, einen Kompromiss zu schließen .

Solange beide Parteien bereit sind, zu nehmen und zu geben, kann eine Lösung gefunden werden. Beiderseitige Bereitschaft vermag die Balance zwischen den verschiedenen Bedürfnissen herzustellen. Wenn nicht, bleibst du erst recht beim Nein. Dich aufzuopfern ist dir zu anstrengend.

Wenn du dir treu bist, wirst du wählerisch, wie und mit wem du deine Zeit verbringst. Du lässt Bekannte los, denen du schon lange nichts mehr zu sagen hast. Du trittst aus dem Verein aus, dessen Tätigkeiten dich langweilen. Menschen, die dir am Hals hängen, weil sie von dir profitieren, schiebst du von dir weg. Du musst dich nicht länger um alle kümmern. Du wählst, wie lange und wie oft du jemanden sehen willst. Wer nicht anständig und respektvoll mit dir umgeht, hat kein Recht auf deine Freundschaft.

Was du zu tun wählst, tust du entspannt. Du musst niemandem mehr beweisen, wie gut du bist. Perfektionismus ist nicht gefragt. Alles viel zu anstrengend. Sei ab jetzt einfach du.

Wenn du das machst, was du willst ...
Bist du dir selber treu, bist du in Balance – weder zu nachgiebig noch zu streng. Dein Maßstab ist ein fairer Austausch von Geben und Nehmen.

Du nimmst dir deine Freiheiten beschwingt und entspannt. Du fesselst dich nicht mit einem schlechten Gewissen; du nimmst die Reaktionen anderer ernst, aber nicht persönlich. Du bleibst anständig und mitfühlend dir gegenüber, den anderen gegenüber.

Du bestimmst, wie du deine Zeit verbringen willst und mit wem. Du machst es dir recht. Du triffst die Wahl zur Freude statt zum Zwang, zum Aufsteller statt Ablöscher. Du ergreifst dein Privileg, zu wollen statt zu müssen.

Schlendern statt Eilen

Je älter wir werden, desto mehr nehmen die Gelegenheiten zur Entschleunigung zu. Sind wir einmal in dem Alter angekommen, in dem uns alle Zeit zur freien Verfügung steht, hindert uns überhaupt nichts mehr daran, ganz auszuspannen. Statt auf Hochtouren zu laufen, sind wir jetzt frei, den Müßiggang einzuschalten. Wir können von »rastlos« auf »Pause einlegen« switchen, von »Eilen« auf »Schlendern« und die permanente Aktivität durch Nichtstun ersetzen. Die wunderbare Chance, in einem gesunden Gleichgewicht von Aktivität und Ruhe zu leben, plumpst uns sozusagen in den Schoß.

Diese Chance freudestrahlend auszukosten, gelingt uns aber nicht immer auf Anhieb. Wir vermögen das gewohnt eilige Alltagstempo selten von einer Minute auf die andere umzustellen, ja, wir wollen das oft gar nicht tun. Das ist kein Wunder. Nicht nur ist es ungewohnt, die Dinge gemächlich anzugehen, wir möchten auch nicht gegen den Strom schwimmen.

Innehalten und Entschleunigung gehen unserer Leistungsgesellschaft gegen den Strich. Nur volle Aktivität gilt als erstrebenswert, wie der Spruch »Wer rastet, der rostet« klarmacht. Muße pflegen wird mit Faulheit verwechselt, ja sogar als Laster bezeichnet: »Müßiggang ist aller Laster Anfang.« Es muss uns nicht erstaunen, dass wir verlernt haben, ein gemächliches Tempo einzuschlagen. Wir sind aufs Herumrennen getrimmt.

Das Merkmal des modernen Lebens ist der Zeitmangel, ein permanentes Beschäftigtsein. Atemlos hetzen die Menschen von hier nach dort, immer sind sie in Eile. Zudem wird von ihnen erwartet, stets erreichbar zu sein, die sozialen Medienkontakte lenken x-mal pro Stunde ab, und dauernd muss die Datenflut verarbeitet werden, die sich täglich über uns alle ergießt. Es muss uns nicht wundern, dass Stress kein Randphänomen, sondern eines der

Hauptprobleme unserer Zeit darstellt. Wir sind aus dem Gleichgewicht geraten, zu wenig Zeit und Ruhe machen uns krank. Nach Ansicht der Weltgesundheitsorganisation WHO zählt Stress gar zu den größten Gesundheitsgefahren dieses Jahrtausends.

Zum Glück haben wir im Alter die Chance, dem Stress zu entkommen. Die Rennerei ist nicht länger nötig. Niemand kann uns davon abhalten, einen Moment innezuhalten und tief durchzuatmen. Niemand zwingt uns, alle fünf Minuten aufs Mobiltelefon zu schauen. Zu entschleunigen ist kein Ding der Unmöglichkeit. Es gibt immer wieder Gelegenheiten unser Leben in eine bessere Balance zu bringen. Gelegenheiten effektiv wahrzunehmen, ist jedoch eine andere Geschichte. Genau das nämlich fällt uns nicht leicht.

»Verschiebe nicht auf morgen, was genauso gut auf übermorgen verschoben werden kann.« (Mark Twain)

Ich selber machte es mir mit dem Entschleunigen auch schwer. In der Hoffnung, ich kann dich ermutigen, möchte ich dir hier schildern, wie es mir auf meinem Weg von der Eile zum Schlendern erging.

Als frisch Pensionierte hatte ich mir eine To-do-Liste zusammengestellt, voller Aktivitäten, die ich schon lange ausführen wollte, bisher aber keine Zeit gehabt hatte. Den Dachboden auszumisten war ein Vorsatz, im Garten einen kleinen Teich anzulegen, ein anderer. Kreativ sein stand ebenfalls auf der Liste, sowie regelmäßig ins Krafttraining gehen.

Voller Elan startete ich eines sonnigen Morgens mit dem Bau des Teiches. Seinen Umfang hatte ich schon abgesteckt. Ich plante etwas Kleines, gerade groß genug, um Libellen anzuziehen. Vor meinen Augen sah ich sie schon über den Seerosen, die ich setzen würde, schwirren. Ich begann die Steine zu lockern, die Erde auszuheben, Schaufel um Schaufel hievte ich sie in die Schubkarre. Der Rand des Teichs nahm Form an. »Toll«, dachte ich, »das haben wir bald erledigt.« Ich hörte schon die Frösche quaken, die sich ebenfalls einfinden würden. Pausenlos arbeitete ich weiter, doch als es Zeit für das Mittagessen wurde, war noch nicht mal ein Meter gemacht, und es war mein Körper, der sich komplett erledigt fühlte. Ich hatte kaum mehr Kraft, um die letzte Schubkarre zu leeren.

»Ins Krafttraining zu gehen, ist genau der richtige Vorsatz«, sagte ich mir, und nach dem Essen fuhr ich ins Fitnesscenter. Ausgepumpt kehrte ich nach Hause zurück, und als ich mich kurz aufs Sofa legte, schlief ich prompt ein. Am nächsten Tag hatte ich einen ziehenden Schmerz im Rücken, sodass ich weder fit genug war, um weiterzugraben, noch ins Krafttraining zu gehen.

Heute, rückblickend, ist mir klar, dass ich es an diesem Tag total übertrieben hatte. Ich hätte auf meinen Körper Rücksicht nehmen und beim Schaufeln immer wieder eine Pause einlegen sollen. Und ganz sicher nicht am selben Nachmittag noch das Fitnesscenter besuchen!

Leider nahm ich die erteilte Lehre damals nicht ernst. Ich fuhr noch eine ganze Weile fort mit dem Übertreiben. Mir Zeit zu lassen, statt zielstrebig auf das Resultat hinzuarbeiten, kam nicht in Frage. Ich war darauf getrimmt, etwas so rasch wie möglich zu erledigen; und eine Pause einzulegen, stand dem im Weg. Es ging nicht an, mich am Tun selber zu erfreuen, das raubte Zeit, Effizienz war gefragt. Und so schaufelte und schaufelte ich pausenlos weiter, bis mein Körper mich definitiv in die Knie zwang.

Der Preis, den ich für meine Eile zahlen musste, war ein verknackster Rücken. Die Arbeit am Teich war nun ganz unmöglich geworden, und statt ins Krafttraining musste ich zur Physiotherapie. Tägliche sanfte Dehnübungen standen fortan auf dem Programm und so viel wie möglich liegen. Ich war, mit andern Worten, zur Entschleunigung verurteilt worden.

Nachträglich erkenne ich die »Verurteilung« als meine Chance. Ich war gezwungen, das Verlangsamen zu üben, immer nur genau so viel zu machen, wie es heute angemessen war. Ich musste es ertragen, etwas unfertig liegen zu lassen, aushalten, immer wieder Pausen einzulegen.

Dafür durfte ich erleben, wie sehr diese mich erfrischten, und dass nichts Schlimmes geschah, blieb eine Arbeit länger liegen. Es war ein Augenöffner, wie viel Freude mir zufiel, wenn ich mir Zeit ließ, etwas Schritt für Schritt zu erledigen. Heute kann ich mir kaum mehr vorstellen, wie gehetzt ich einmal gewesen war, und ich weiß, wie viel ich damit verpasst hatte.

Ich bin sicher nicht die Einzige, die großen Wert auf rasches Erledigen setzte. Wir leben in einer Gesellschaft, die Schnellsein belohnt. Effizienz ist gefragt, Zeit ist Geld, und die Uhr tickt. Wir unterliegen, mit den Worten von John Steinbeck, einer Epidemie, die durch den Uhrzeiger hervorgerufen und durch den Terminkalender übertragen wird.

Eine gute Prävention gegen diese »Krankheit« ist, dem Takt des eigenen Herzschlags zu folgen. Das heißt konkret, dass du auf deinen Körper und auf dein Gemüt achtest. Du opferst nicht länger Gesundheit und Zufriedenheit, um etwas zu erlangen. Der Weg zum Ziel wird dir genauso wichtig, wie es zu erreichen. Du siehst das wahre Glück nicht mehr im Resultat und beurteilst nicht alles, was vorher kommt, als lästige Beigabe. Du führst Arbeiten achtsam aus, indem du immer wieder anhältst, um in die Gegenwart zurückzukommen. Statt rastlos von einem zum anderen zu eilen, legst du eine Pause ein, in der du das Alte ausklingen lässt und so das Nächste mit frischem Geist angehen kannst.

Warten siehst du nicht länger als Zeitverschwendung an, sondern als eine Gelegenheit, etwas wachsen und reifen zu lassen.

Sobald das Gehetze aufhört, das kann ich dir garantieren, erhöht sich die Freude bei allem, was du anpackst. Jetzt, wo dein Fokus nicht länger auf das Resultat, sondern auf die Tätigkeit selber gerichtet ist, wird jeder einzelne Handgriff interessanter. Du nimmst mehr Details wahr, und gleichzeitig vertiefst du dein Können und Wissen. Die kurzlebige Freude beim Erreichen des Ziels wird damit mannigfach überboten.

Ich selber habe das bei meinem Teichbau erlebt. Als ich einmal akzeptiert hatte, dass das Projekt nicht über Nacht entstehen würde, begann ich, die Ausführung zu genießen. Ich hörte auf zu denken, ich könne nur dann zufrieden sein, wenn ich endlich am Teichrand stand und den Libellen zusah. Ich nahm mir Zeit, mein Teichwissen zu vertiefen, und so entdeckte ich die faszinierende Welt der Teichpflanzen, lernte, welche Sauerstoff produzieren, und staunte über die große Auswahl verschiedenfarbiger Seerosen. Ich arbeitete nun ganz entspannt, Schritt für Schritt, immer nur so lange, wie mein Rücken es mir erlaubte, auch wenn das manchmal nur eine kurze Weile war. Ohne mit der Wimper zu zucken, verließ ich die Arbeit, die Schubkarre nicht geleert, die Randsteine unsortiert. Und ich kann dir sagen: Die Einweihung des Teiches war nicht weniger befriedigend und freudvoll, nur weil der Bau Monate statt Wochen gedauert hatte.

> *»Manche halten einen ausgefüllten*
> *Terminkalender für ein ausgefülltes*
> *Leben.« (Gerhard Uhlenbruck)*

Ich bin mir bewusst, dass ich das Wenigertun zwar in den Himmel loben kann, ein Voll-dran-Sein aber nach wie vor als erstrebenswert gilt. Sogar unter der älteren Bevölkerung, die eigentlich erleichtert sein könnte, endlich nicht mehr herumhetzen zu müssen und ein ausgewogeneres Dasein leben zu können, gibt es viele, die Mühe haben, bei der täglichen Rennerei nicht mehr dabei zu sein.

Weniger zu tun zu haben, empfinden sie als eine Abwertung der eigenen Person. Ein leerer Terminkalender kratzt am Selbstwert. Man spielt keine Rolle, es gibt nichts anzupeilen, nichts zu erledigen, nichts zu leiten, nichts zu entscheiden, nichts zu führen. Man fühlt sich unwichtig, überflüssig.

Die Verknüpfung von Selbstwert und stark beschäftigt sein kommt nicht von ungefähr. Ein voller Terminkalender hat in gewissen Kreisen tatsächlich Einfluss auf das Sozialprestige seiner Besitzer oder Besitzerinnen. Sagt jemand: »Mein Kalender ist gerade total voll, ich kann leider nicht kommen«, dann verfolgt er damit ein gutes Image. Diese Person löst nicht etwa Besorgnis aus, weil sie keine freie Zeit mehr hat, im Gegenteil wird ihr alles Mögliche an Erstrebenswertem zugeschrieben. Sie ist offensichtlich sehr gefragt, alle wollen etwas von ihr, sie muss wichtig sein, berühmt, sie hat ein tolles Leben. Der volle Terminkalender signalisiert: »Ich bin besser, mächtiger, interessanter, wichtiger als du.« Menschen, die selber nach dieser Anerkennung streben und auf ihren Status fokussiert sind, die mehr haben und sein wollen als die anderen, sprechen darauf an.

Wie sieht das bei dir aus? Nimmst du es persönlich, wie einflussreich du bist? Setzt du auf Position, Status, Macht und öffentliches Ansehen? Ist dir das für dein Glück wichtig? Wenn ja, ist ein leerer Terminkalender tatsächlich hart für dich. Du willst schließlich keinen Prestigeverlust erleiden, keinen sozialen Abstieg. Du leidest, wenn das trotzdem geschieht. Deshalb möchte ich dir hier ein paar Fragen, Warnungen und Tipps mitgeben, wie ein solcher Ausgang vermieden werden könnte.

Als Erstes die Warnung: Hängt dein Selbstwert von äußerer Anerkennung ab, ist deine Mühe mit dem Älterwerden vorprogrammiert. Spätestens bei deiner Pensionierung verringern sich die offiziellen Termine, dein Einflussbereich schwindet. Deine Position und Status in der Gesellschaft nehmen ab, dein äußeres Image verblasst. Hast du dich bis jetzt damit identifiziert, kommt dein Selbstverständnis ins Wanken. Du hast möglicherweise Mühe, Sinn im Alter zu finden, und du bist unzufrieden mit deinem Alltagsleben. Möchtest du dir ein solch unglückliches Endergebnis ersparen? Wenn ja, wird es höchste Zeit, dass du einmal genau hinschaust: Bist du dir sicher, dass Quantität wirklich Qualität bringt? Ist dein Image mit deiner Lebenswirklichkeit identisch? Garantiert dir, überall dabei zu sein, dass du dich in deiner Haut wohlfühlst und jetzt gerade im Frieden mit dir bist? Wie sieht es mit deiner Freiheit aus, wenn dein Selbstwert vom äußeren Status abhängt?

Ich rate dir, mit der Auseinandersetzung nicht zu warten, bis der leere Terminkalender dich dazu zwingt. Fang jetzt damit an, dein Selbstbild zu überprüfen. Eine Überholung von deinen Werten und Zielen ist angesagt, ein Loslassen von Identifikationen, die dich an äußere Anerkennung ketten.

Investierst du jetzt, wirst du fähig sein, die sich ändernde Situation im Alter zu akzeptieren. Zeit zu haben fühlt sich nicht länger als Verlust an, du kannst es als ein Privileg ansehen. Du weißt, dass du wichtig bist, auch wenn dein Terminkalender leer ist. Du bist von deiner Abhängigkeit erlöst.

Ich will nicht verschweigen, dass es für uns alle eine Herausforderung sein kann, mit der Rennerei aufzuhören. Aus dem Treiben auszusteigen braucht Mut. Es verlangt ein Umdenken, eine Neudefinition der eigenen Person und das Aufbauen einer veränderten Beziehung zur Zeit und ihrer Nutzung. Ich bin jedoch überzeugt, dass solche Auseinandersetzungen zum Prozess des Älterwerdens dazugehören und wir schlussendlich davon profitieren können. Vergessen wir nicht: Das Alter verlangsamt uns so oder so, wir verlieren an Energie und Kraft, werden schneller müde. Wie viel besser fahren wir da, können wir dies akzeptieren und ganz entspannt schlendern.

Wenn du schlenderst …

Du nimmst dir die Zeit, die es braucht, um etwas entspannt zu tun. Du passt deine Tätigkeiten deinem Tempo an und nicht umgekehrt. Du merkst, wenn du dich verkrampfst, sei es körperlich oder geistig, und erlaubst dir, wieder zu entspannen.

Du darfst die Dinge leichtnehmen, du musst nicht alles aufs Mal tun. Du darfst etwas liegenlassen, auf morgen verschieben oder auch auf übermorgen. Du darfst es sogar nie erledigen, sondern loslassen. Das ist weder ineffizient noch bist du faul und unzuverlässig. Du handelst mit Entschluss, achtsam, angemessen und entspannt.

Du legst eine Pause zwischen deinen Aktivitäten ein und rennst nicht von einem zum anderen. So brennst du nicht aus, kannst dich erholen. Du kommst immer wieder in die Gegenwart und behältst den Überblick. Du kannst deine Schritte in Ruhe reflektieren und planen.

Du opferst den heutigen Tag nicht. Was immer du tust, du verpasst dabei die Gegenwart nicht. Du merkst, wenn du abhaust aus dem Jetzt, wenn du voraneilst zum Ziel oder kleben bleibst am Erfolg – und kommst zurück.

Du erzwingst nichts auf Teufel komm raus. Manche Dinge brauchen ihre Zeit, müssen reifen. Du lässt dir diese Zeit – und wenn der Moment gekommen ist, wird alles ganz entspannt flutschen. Erlaube dir zu warten. Erlaube dir, etwas zu verdauen, sich wandeln zu lassen. Erlaube, etwas auf dich wirken zu lassen.

Du kannst auch mal tüchtig anpacken. Du kannst dir jeden Modus leisten, du hast Zeit. Mal machst du mehr, mal weniger. Heute bist du voller Elan, morgen eher müde.

Schlendern heißt, deine eigene Balance zu finden zwischen zu viel und zu wenig, zwischen Anstrengung und Entspannung, Aktivität und Ruhe. Das Gleichgewicht ist für jeden von uns anders gelagert. Mehr ist für manche schon zu viel, und weniger ist für andere nicht genug. Du folgst dem Rhythmus deines eigenen Herzschlages.

Innere Einkehr statt äußere Ablenkung

Unsere Lebenswaage in Balance zu halten, setzt voraus, dass wir fähig sind, beide Waagschalen zu belegen. Dass wir dem eigenen Herzschlag folgen sowie einem fremden Rhythmus. Mal Spannung zulassen, mal Stille. Dass wir zeitweise alleine sein können, zeitweise sozial aktiv.

Als ältere Menschen können wir uns glücklich schätzen, denn uns steht genug Zeit und Muße zur Verfügung, um verschiedene Zustände auszuleben. Wir haben im Alter also die idealen Bedingungen, um die Waage auszubalancieren.

Theoretisch mag das ideal klingen, aber in der Praxis haben die meisten von uns Mühe, das Gleichgewicht zwischen aktiv und passiv zu finden. Sozialer und kultureller Aktivismus fallen uns leicht, aber in der Regel vernachlässigen wir die andere Seite, die Stille, das Innehalten und die eigene Gesellschaft.

Wie sieht das bei dir aus? Wann bist du zum letzten Mal nur dagesessen? Fällt es dir leicht, mit dir alleine zu sein? Kannst du dein Mobiltelefon abgestellt lassen? Wie lange hältst du es aus, nicht fernzusehen?

Hand aufs Herz: Die meisten von uns haben Hemmungen, still zu sein und sich den eigenen Gedanken und Gefühlen zu widmen, statt etwas anzupacken und auszuführen. Das Eingeständnis »Ich habe heute in mich hineingehört und bin meinen Gedanken nachgehangen« ist uns peinlich. Wir wollen nicht als »Nabelschauer« dastehen, als auf sich selbst fixierte Egoisten und ineffiziente Träumer.

Wenn wir hingegen passiv sind und nichts anderes tun, als uns unterhalten zu lassen, müssen wir uns nicht schämen. Millionen von Menschen schauen täglich stundenlang fern, ohne unter einem schlechten Gewissen zu leiden. Wir gehen ins Theater, ins Kino, in Konzerte, wir lesen Bücher, wir surfen im Netz, wir verbringen Zeit in den sozialen Medien und wir shoppen – und das ist genau das, was von uns erwartet wird; jemand muss ja konsumieren, was produziert wird.

So verbringen wir die meiste Zeit in der Aktivität, sind am Produzieren oder am Konsumieren. Angesichts dessen muss es nicht erstaunen, dass wir es fad und langweilig finden, wenn mal nichts läuft; wir sind die Stille nicht gewohnt und fühlen uns unwohl in ihr und mit uns alleine. Es ist nur zu verständlich, wenn wir versuchen, die Ruhe von uns fernzuhalten und unsere freie Zeit mit Ablenkungen zu füllen.

Damit aber verpassen wir die Chancen und Vorteile, die Ruhe und innere Einkehr mit sich bringen. Die sogenannte Nabelschau ist nämlich die beste Voraussetzung, uns selber näherzukommen und kennenzulernen. Geben wir unserem Denken Raum, bringt uns das auf neue Ideen. Es ist eine wohlbekannte Tatsache, dass ein »Heureka« gerade aus frei dahin schweifenden Gedanken ins Bewusstsein purzelt. Nicht zuletzt fördert die Absenz von fremden Reizen unsere Kreativität, denn unsere Imagination wird angeregt und unsere Konzentration vertieft. Eine Nabelschau hat demnach nichts damit zu tun, den Kopf in den Sand zu stecken, im Gegenteil. Sie bringt uns in die Gegenwart und in Verbindung mit unserem Leben.

*»Erst in der Stille hören wir des Lebens
feine Töne.« (Monika Kühn-Görg)*

Versuchen wir die Stille zu vermeiden oder fällt es uns
schwer, alleine zu sein, steht uns leider einiges Unwohl-
sein bevor. Gerade wenn wir in ein Lebensalter kommen,
in dem uns mehr Zeit zur eigenen Verfügung steht und es
um uns sozial ruhiger wird, ist es entscheidend, dass wir
positiv mit Stille umgehen können.

Das ist leichter gesagt als getan: Stille zu erleben ist heute
schwierig, die Lärmquellen sind alltäglich und überall. Sei
es das Geräusch von Motoren, sei es Musikberieselung in
Geschäften, sei es das Klingeln, Piepsen, Pfeifen, Surren,
Brummen der digitalen Medien, die um unsere Aufmerksamkeit buhlen. Stille ist uns ungewohnt.

Suchen wir Ruhe vom Alltagslärm, gehen die meisten von
uns in die Natur. Wir genießen den Vogelgesang, hören
dem Wind zu, und dazwischen vibriert das Handy dreimal.
Um unsere innere, »geistige« Ruhe zu erlangen, reicht ein
Spaziergang im Wald nicht aus. Wir sind beinahe überall
erreichbar, und wo immer wir sind, dringen Eindrücke und
Informationen in unsere Gedanken ein. Wir können nicht
anders, als uns mit ihnen zu beschäftigen, sei es, dass wir
sie ignorieren, wegschieben oder wir sie zu verarbeiten
versuchen.

Um unseren Geist wirklich zur Ruhe kommen zu lassen, müssen wir, kurz gesagt, offline gehen. Wir brauchen eine Auszeit von den digitalen Medien, ein Innehalten und einfach nur sein – hier, jetzt. Machst du das ab und zu? Wie lange hältst du es aus, nicht jederzeit erreichbar zu sein? Kannst du dein Mobiltelefon einen Tag lang ausgeschaltet lassen? Eine Woche lang dein iPad nicht öffnen?

Wahrscheinlich musst du zugeben, dass dir das gar nicht so leichtfällt. Ich kann dir versichern, dass du nicht alleine dastehst. Die Befürchtung, aus der Welt zu fallen, wenn wir nicht vernetzt und in digitaler Verbindung sind, ist weit verbreitet. Wir brauchen den Blick aufs Smartphone, müssen die sozialen Medien anklicken; wir sind, mit anderen Worten, süchtig geworden. Tatsächlich gilt heutzutage der freiwillige Verzicht auf Medienkonsum als »Entsüchtigung« und »Entgiftung«. »Medienabstinenz« wird für die Erhöhung des Wohlbefindens und für die Reduktion von Stress empfohlen.

Es wird dich kaum überraschen, dass ich hier ins gleiche Horn stoße und dir ans Herz lege: »Lass geistige Ruhepausen zu. Schalte ab und zu alle Geräte aus und stelle dich der Funkstille. Sei einfach da, jetzt, mit dir selber – und beobachte, was geschieht. Was fühlst du? Was siehst du? Was kommt dir in den Sinn?«

Zur Demonstration, was in ablenkungsfreien Momenten geschehen kann, will ich dir zwei Versionen vorstellen: ein

»Best Case«- und ein »Worst Case«-Szenario. Beginnen wir mit dem Positiven:

Hast du einmal innegehalten und es ist still geworden, nimmst du als Erstes wahr, wie sich dein Körper anfühlt. Du merkst, dass du verkrampft dasitzt, deine Hüfte schmerzt ein bisschen. Du streckst die Beine aus, lehnst dich zurück, lässt die Schultern fallen. Du spürst, wie sich dein Körper entspannt.

Dein Blick schweift zum Baum vor dem Fenster. Du nimmst wahr, dass er schon recht farbig geworden ist. Eine Erinnerung steigt auf: Letztes Jahr hattest du seine roten Blätter mit deiner Enkelin gesammelt. Sie wollte sie trocknen und pressen. Du schmunzelst im Gedanken daran, wie das Mädchen darauf bestanden hat, die Blätter in das »ganz, ganz dicke Buch mit den komischen Bildern« zu legen. Sie meinte Picassos Bildband. Die Blätter müssen immer noch im Buch liegen, denkst du, dieses Jahr könnte man mit ihnen etwas basteln. Du freust dich, dass dir diese Idee gekommen ist, und du stehst auf, den Bildband zu holen.

Und hier verlassen wir dich und machen uns auf zur zweiten Szene, dem weniger guten Fall. Hast du einmal innegehalten und es ist still geworden, nimmst du als Erstes wahr, wie sich dein Körper anfühlt. Du merkst, dass du verkrampft dasitzt, deine Hüfte schmerzt ein bisschen. »Oh nein«, ärgerst du dich, »hört das denn nie auf! Der Unfall ist immerhin schon Monate her.« Dein Blick schweift zum Baum vor dem

Fenster. Du nimmst wahr, dass er schon recht farbig geworden ist. Eine Erinnerung steigt auf: Letztes Jahr hattest du seine roten Blätter mit deiner Enkelin gesammelt. Sie wollte sie trocknen und pressen. Du runzelst die Stirne im Gedanken daran, wie dir damals beim Bücken schwindlig geworden war. Es kommt dir in den Sinn, dass der Arzt gesagt hatte, der Unfall könnte durch einen kleinen Schlaganfall ausgelöst worden sein. »Blödsinn!«, denkst du. Aber der Gedanke, dass du kürzlich einen weiteren Schwindelanfall hattest und du eigentlich eine Abklärung machen solltest, lässt dich nicht mehr los. Du bist jetzt ganz verspannt und stehst auf, um den Fernseher anzuschalten.

Die beiden ablenkungsfreien Momente riefen ganz unterschiedliche Wirkungen hervor, nicht wahr? Im einen Fall herrschte Entspannung, im anderen Verkrampfung. Einmal entstanden neue Ideen, das andere Mal wurden sorgenvolle Gedanken hochgespült.

Die Gegenwart auszuhalten, ist nicht immer einfach. Im besten Fall sind wir mit ihr im Frieden. Im weniger guten Fall kommt es zur Konfrontation mit Problemen. Ungelöste Konflikte und Sorgen dringen in unsere Gedanken ein, sie füllen den Raum, den die Abwesenheit von Ablenkungen geschaffen hat. Wir sind im Unfrieden mit unseren Empfindungen, unsere eigene Gesellschaft stresst uns. Kein Wunder, dass wir lieber abhauen, weg von der Gegenwart, hin zur Ablenkung.

Uns in Ablenkungen zu flüchten ist durchaus sinnvoll, denn diese sind ideal dafür geeignet, sich das Unangenehme vom Leib zu halten. Sich ablenken zu lassen, ist ein äußerst wirkungsvolles Mittel, Schwierigkeiten zu vergessen.

Deshalb will ich Ablenkungen auf keinen Fall verteufeln. Sie sind oft völlig angemessen. Auf sie zu setzen, ist manchmal sogar die beste Politik. Wir müssen uns nicht immer mit Problemen quälen und uns sofort jedem Konflikt stellen. Eine Ablenkung hilft uns, abzuschalten, uns zu erholen, Energie zu sammeln.

Den Kopf jedoch zu lange in den Sand zu stecken, ohne hinzuschauen, ist ungesund. Wenn wir uns ständig ablenken, um zu verdrängen, was uns Angst macht oder verunsichert, hat dies keine guten Folgen. Die großen Probleme schmelzen nicht einfach so weg. Sie gehen höchstens in den Untergrund und fangen an, sich als körperliche Symptome bemerkbar zu machen, oder sie quälen uns in Alpträumen, gar in depressiven Stimmungen.

Wenn du jemand bist, der oder die häufig auf Ablenkung setzt, möchte ich dich dazu ermuntern, mutig zu sein und auch mal nicht abzuhauen. Ab und zu solltest du dich deinem Leben stellen, auch wenn es dir Mühe oder Schmerz bereitet. Wenn du die Gegenwart nie betrittst, lebst du an deinem Leben vorbei.

Wage es, gib dem jetzigen Moment eine Chance, von dir wirklich wahrgenommen zu werden. Akzeptiere, was sich zeigt, und nimm die Gelegenheit wahr, das Problematische anzugehen.

Die Stille ist dir eine große Hilfe. Sie schafft Raum für Reflexion, gibt dir Gelegenheit, die Dinge von allen Seiten zu betrachten und Lösungswege abzuwägen. Deine Selbstkenntnis wird gefördert durch die Erfahrungen, die du bei der inneren Einkehr machst. Du entdeckst deine Stärken und du kommst deinen Ängsten auf die Spur. Je besser du deine Gespenster und Schatten kennst, desto gelassener wirst du, wenn sie wieder einmal spuken. Du gewinnst an Sicherheit, dass du Konflikte aushalten und Lösungen finden kannst. Dadurch wird es dir immer leichter fallen, dich in deiner Gegenwart wohlzufühlen. Du bist immer weniger auf Ablenkungen angewiesen und freust dich dafür über die Chance, zur inneren Ruhe zu kommen.

Ich hoffe, ich habe dir die Vorteile der unabgelenkten Stille nahebringen können. Nun möchte ich dir zum Schluss nochmals ans Herz legen, wie wichtig sie für dein Wohlbefinden beim Älterwerden ist.

Ablenkungen, die dir im Alter zur Verfügung stehen, nehmen natürlicherweise ab. Du siehst vielleicht weniger gut, hörst schlechter und bist nicht mehr mobil. Vielleicht lebst du alleine, weil deine Partnerin oder dein Partner gestorben ist.

Brauchst du ständige Ablenkung, wirst du leider immer wieder Unangenehmes erleiden müssen. Schaffst du es jedoch, einfach da zu sein, schaffst du es, dass dir das genügt, hältst du dir Leiden vom Hals. Du bist entspannt in deiner eigenen Gegenwart und brauchst keine Ablenkung mehr. Jetzt hörst du die feinen Töne des Lebens und genießt das Sehenswürdige, das es außerhalb der digitalen Welt gibt, genau dort, wo du dich befindest.

In der Gegenwart weilend, wird dein Blick weiter – du übersiehst auch die kleinen Wunder nicht. Die blau glänzenden Käferflügel, die hellgrünen Tannenzäpfchen, den Sonnenstrahl, der auf dein Bett fällt.

Du spürst die Verbindung mit dem größten Wunder, dem Leben an sich. Du verkörperst es mit jedem Atemzug, mit jedem Herzschlag. Du hörst es im Rascheln der Blätter, im Trommeln des Regens, im Lachen der Kinder. Du erkennst es im Blühen und im Verwelken.

Wenn du in der Ruhe verweilst …

Du nimmst Verbindung mit dir selber auf, mit der inneren Welt deiner Gefühle und Gedanken.

Du bist offen für das, was dir begegnet. Du rennst dem Unangenehmen nicht davon, du ersehnst nichts Angenehmes. Du nimmst Freuden und Leiden gleichermaßen akzeptierend an.

Du hast keine Erwartung, etwas Bestimmtes zu erleben, es gibt keinen besonderen Zustand zu erreichen. Du lässt Empfindungen auf dich zukommen, rennst ihnen nicht nach, lässt sie gehen. Du bist offen für das, was jetzt gerade auftaucht.

Deine Gedanken ziehen vorbei wie die Wolken am Himmel. Sie lösen sich auf, neue formieren sich. Mal folgst du einem Gedanken, mal schlägt er einen Haken und wirft dich ab. Mal denkst du bis ins Detail, mal weit ausgefächert.

Du lebst jetzt, du bist hier. Du bist im Kontakt mit deinem Leben. Dein Leben ist jetzt.

Du nimmst entgegen, was dir geschenkt wird. Du genießt, was du hast. Es fehlt nichts. Jetzt gerade hast du kein Problem. Du lebst.

Den Frieden wählen statt das Leiden

Haben wir uns bisher mit den Schätzen befasst, die uns im Alter in den Schoß fallen, und uns darauf konzentriert, sie uns nicht entgehen zu lassen, geht es in diesem Kapitel um das Gegenteil. Das Alter bringt uns ja nicht nur Schönes, wir müssen auch Unangenehmes ertragen. Wie wir trotzdem Freude finden, ist jetzt das Thema.

Lass mich zu Beginn gleich mit der Tür ins Haus fallen und dich mit einer harschen Tatsache konfrontieren: Es ist unausweichlich, dass du beim Älterwerden Leid ertragen musst. Leiden und Menschsein sind untrennbar miteinander verbunden. Von Geburt an bis zum Tod sind wir Schmerzen und Trauer ausgesetzt. Wir können nicht davon ausgehen, dass es uns immer gutgehen wird und wir Schicksalsschlägen, Krankheiten oder Verlusten ausweichen können. Solange unser Herz schlägt, kann es verletzt werden. Wohlstand, Schönheit oder Erfolg schützen niemanden. Das ist leider so.

Zum Glück aber sind wir unseren Leiden nicht völlig hilflos ausgeliefert. Heilung ist in uns Menschen ebenfalls angelegt. Denken wir nur an die erstaunlichen Selbstheilungskräfte des Körpers. Ohne unser Zutun wehrt er Bakterien ab, lässt Knochen zusammenwachsen und vernarbt Wunden. Auch für unsere seelischen Verletzungen gibt es Heilungsmöglichkeiten, Akzeptanz, zum Beispiel, oder Versöhnung und Verzeihung. Und nicht zuletzt ist die Zeit eine wunderbare Heilerin.

Wir müssen, mit anderen Worten, am Leiden nicht unbedingt leiden. Wir haben die Möglichkeit, uns mit ihm zu arrangieren und glücklich zu sein. Dies ist die gute Botschaft, die ich dir hier mitgeben und weiter ausführen möchte.

»Der Schmerz ist unvermeidbar, aber das Leiden ist optional.« (Buddha)

Wir haben uns im ersten Teil dieses Buches schon mit der Tatsache befasst, dass unsere Sichtweise das Erleben einer Situation prägt. So hat natürlich auch unsere Einstellung einem Leid gegenüber einen großen Einfluss auf dessen Heilungschancen.

Negierst du einen Schmerz, hat er kaum Chancen zur Wandlung. Ebenso wenig, wenn du im Drama bleibst, wenn du sozusagen fortfährst, in den Wunden zu grübeln, statt sie zuwachsen zu lassen. Leiden vergeht auch nicht durch Hadern und Jammern. Den Hass zu schüren bringt ebenfalls keinen Frieden. Was dann?

Paradoxerweise gelingt uns eine Heilung am besten, wenn wir unsere Leiden sozusagen umarmen. Wir sträuben uns nicht gegen unser Schicksal noch fixieren wir uns auf unsere Narben. Wir identifizieren uns nicht mit dem Opfersein. Dafür erlauben wir dem, was ist, da zu sein, und machen das Beste aus unserer Lage.

Leiden zu umarmen heißt mit anderen Worten, wir zollen ihm Respekt und Wohlwollen, aber wir lassen uns von ihm weder unsere Identität noch unser Leben bestimmen. Stattdessen entscheiden wir uns zur Leidensbefreiung und zum inneren Frieden.

Mit dieser Einstellung beginnen sich unsere Leiden sofort zu vermindern. Die Rechnung ist einfach zu machen. Wir fügen einem unausweichlichen Leid kein vermeidbares hinzu – und halbieren so unseren Schmerz.

> *»Akzeptiere, was war, um zu heilen,*
> *was ist.« (Unbekannt)*

Je mehr wir uns beim Altern der Endgültigkeit des Todes bewusstwerden, desto öfter geschieht es uns, dass die ungeklärten Missverständnisse und bitteren Vorwürfe sich in unsere Gedanken drängen. Die ungeheilten Schmerzen liegen jetzt schwerer auf uns. Die Vorstellung, im Hass oder mit Reue sterben zu müssen, erschreckt uns. Wir möchten lieber in Frieden gehen.

Zum Glück ist es dafür noch nicht zu spät. Die schwelenden Brände in unserem Herzen lassen sich noch rechtzeitig löschen. Uns bleibt Zeit, den inneren Haushalt in Ordnung zu bringen. Noch können wir die Hand ausstecken zur Versöhnung, noch vermögen wir uns zu entschuldigen. Ich lege dir, lieber Leser, liebe Leserin, ans Herz, diese Chance nicht zu verpassen. Du musst nicht bis an dein Lebensende ein Opfer bleiben und offene Wunden ertragen. Du kannst sie vernarben lassen. Du musst die alten Schmerzen nicht bis aufs Totenbett mitnehmen. Du kannst Heilung und inneren Frieden finden. Mach jetzt den ersten Schritt auf ihn zu.

> *»In jeder Minute, die du im Ärger*
> *verbringst, versäumst du 60 glückliche*
> *Sekunden deines Lebens.«*
> *(Albert Schweitzer zugeschrieben)*

Gerade beim Älterwerden, wo sogar unsere Minuten gezählt sind, lohnt es sich erst recht, den Weg zum inneren Frieden unter die Füße zu nehmen. Es ist sozusagen höchste Zeit, Versöhnung anzustreben, statt dem Groll zu frönen. Und doch ist es betrüblich, wie viele Menschen nichts gegen ihre Erbitterung unternehmen. Und so, statt dass es ihnen im Alter leichter ums Herz wird, wird dieses immer bitterer und böser. Hass – das ist nun mal leider so – macht hässlich.

Oft werden Verletzungen aus der Kindheit und Jugend ins Alter mitgenommen. Nach wie vor wird gehadert, dass sie überhaupt geschehen sind. Häufig werden Konflikte in der Familie Jahr für Jahr ungelöst weitergetragen. In Beziehungen wird sich genervt und genörgelt, statt nach Friedensangeboten zu suchen und Verzeihung zu üben. Zu oft sind die ursprünglichen Schädigungen weniger schlimm als die Leiden, die aus Ärger und Groll entstehen.

Ich finde es bedrückend, wie viel Schmerz unnötig erlitten wird. So möchte ich euch, liebe Leserinnen und Leser, an dieser Stelle nochmals empfehlen, jetzt gleich den Entschluss zu fassen, unnötiges Leiden loszulassen und den Frieden zu wählen.

Um diesen Entschluss zu stärken, werde ich euch als Nächstes zwei Groll-Szenarien schildern: zur Illustration und zur Abschreckung.

»Täglich ein paar Mal vor Wut kochen,
ist auch eine Möglichkeit, sich den
Appetit aufs Leben zu verderben.«
(Ernst Ferstl)

Julia ist die Älteste von vier Geschwistern und steht seit jeher mit ihrer jüngsten Schwester im Konflikt. Die Eltern hatten dem Nesthäkchen alle Freiheit gelassen, hingegen von der Ältesten viel gefordert. »Sie wurde verwöhnt, und jetzt ist sie selbstsüchtig«, lautet Julias Anklage.

In jeder Handlung der Schwester entdeckt sie deren Egoismus: Sie besucht die betagten Eltern weniger häufig als Julia. An Familientreffen steuert sie immer nur gekauftes Essen bei, statt wie Julia selbst zu kochen und zu backen. Ihren Neffen und Nichten schenkt sie Geld, statt sich die Mühe zu machen, ein individuelles Geschenk auszusuchen. Sie geht regelmäßig mit ihrer Schwägerin ins Theater, aber Julia hat sie dazu noch nie eingeladen. Immer muss Julia mindestens eine Woche warten, bis sie Antwort auf eine E-Mail erhält – und so weiter und so fort.

Die Liste der Fehler ihrer Schwester scheint endlos und wächst Jahr für Jahr an, bis es schließlich zum Eklat kommt. Julias fünfzigster Geburtstag steht an und sie hat vor, ein großes Fest zu organisieren. Es stellt sich heraus, dass ihre Schwester ausgerechnet in der Woche des Geburtstags

Ferien gebucht hat. Diese »bewusste Beleidigung und Rücksichtslosigkeit« bringt Julias Groll-Fass zum Überlaufen. Sie schickt der Schwester keine Einladung, obwohl diese zum Zeitpunkt des Anlasses wieder zu Hause sein wird. Die Schwester schickt im Gegenzug kein Geschenk, sie hat die ewigen Schuldzuweisungen endgültig satt. Seitdem ist der Kontakt zwischen den beiden Schwestern abgebrochen.

Es ist nachvollziehbar, dass Julia das ehemalige Verhalten ihrer Eltern als ungerecht empfindet und dass es sie schmerzt, ein schlechteres Los als das ihrer Schwester gezogen zu haben. Es ist aber auch nicht zu übersehen, dass ihre Weigerung, das Unwiederbringliche und schon längst Vergangene zu akzeptieren, den Konflikt perpetuiert und sie noch heute leiden lässt.

Es hätte Julia besser gedient, ihr Drehbuch der »ungerecht behandelten Ältesten« zu überprüfen und umzuschreiben, statt sich ans Eifersuchtsdrama zu klammern. Es würde ihr helfen, ihre blinden Flecken zu beheben. Julia sieht nämlich nicht, dass die jüngere Schwester für ihre Stellung in der Familie nichts kann, dass sie keineswegs mit böser Absicht interagiert, sondern einfach einen anderen Lebensstil pflegt.

Stattdessen nimmt Julia alles persönlich. Sie berechnet das Gewicht der Schuldenlast und zählt kleinlich nach, wer wem wie viel gibt und wer was nicht verdient hat. Das beweist ihr, dass sie ein Opfer ist und ungerecht behandelt wird. Gleichzeitig sitzt sie hoch zu Ross – sie ist die Großzügige, die Schwester hingegen die selbstsüchtig Geizige, die Schuldige.

Es ist nun aber so, dass es immer allen besser ginge, blieben wir empathisch und milde, drückten mal ein Auge zu und verziehen Fehler. Der Anspruch, die anderen Menschen müssten fehlerlos sein, gar perfekt, garantiert ständige Enttäuschungen, bietet sozusagen das Kraftfutter fürs Opfer.

Gleichzeitig macht es uns zu Nörglern, die immer etwas auszusetzen haben und allen – außer andern Tadlern – auf die Nerven gehen. Der Ratschlag: »Nimm die Menschen, wie sie sind, andere gibt's nicht«, trifft den Nagel auf den Kopf. Wir täten gut daran, ihm zu folgen.

Nicht zuletzt ist unbestreitbar, dass Großzügigkeit uns besser steht als das krämerische und eifersüchtige Rechnen: »Wenn ich weniger kriege, gebe ich dir sicher nicht mehr. Dir steht nicht mehr zu, als du mir gibst.« Kein schöner Zug, nicht wahr?

>*Ehe man tadelt, sollte man immer erst versuchen, ob man nicht entschuldigen kann.« (Georg Christoph Lichtenberg)*

Jacob ist über achtzig Jahre alt und Vater von drei Töchtern, zwei aus erster Ehe, eine aus der zweiten. Jedes Jahr schickt Jacob den Kindern seiner ältesten Tochter ein Geschenk zu Weihnachten. Dieses Jahr jedoch hat er das Paket falsch adressiert, was nicht erstaunlich ist, da er schon seit einer Weile Zeichen von Demenz zeigte. Darauf erhält er einen erzürnten und anklagenden Brief seiner Tochter aus zweiter Ehe. Sie wirft ihm vor, dass er seine Enkel vergessen habe, dass das typisch sei, da er schon immer seine alte Familie der neuen vorgezogen habe. Jetzt aber auch noch die nächste Generation zu traumatisieren, sei ein weiterer Beweis für seine Ungerechtigkeit.«

Diese Geschichte wurde mir von der Tochter aus zweiter Ehe erzählt. Ich traute meinen Ohren nicht: Eine über sechzigjährige Frau ist so sehr von ihrer Sicht, ihr Vater sei böse, gefesselt und verblendet, überzeugt, dass sie einem fragilen und dementen alten Mann eine ungerechte Anklage an den Kopf wirft. Dass sie damit selber uneinfühlsam und unfair ist, kommt ihr nicht zu Bewusstsein. Eine Versöhnung kann mit solcher Geisteshaltung kaum geschehen. Mit großer Wahrscheinlichkeit wird der Vater sterben, ohne dass seine Tochter Frieden schließen konnte. Wie tragisch für alle Beteiligten!

Solche Tragödien kommen leider immer wieder vor – solange jemand der eigenen Einstellung gegenüber blind bleibt und in der Schuldzuweisung verharrt, ist eine

Konfliktlösung blockiert. Einmal ist es dann endgültig zu spät.

Wer von uns gerne auf dem hohen Ross sitzt und wem es wichtig ist, recht zu haben, sollte sehr vorsichtig sein mit Anschuldigungen und sich selber gut prüfen. Sonst kann es leicht geschehen, dass wir den Balken im eigenen Auge übersehen und an der »bösen« Welt verzweifeln.

Seien wir weise und vermeiden dies. Marshall Rosenberg, der Begründer der gewaltfreien Kommunikation, gibt uns einen Hinweis: »Willst du recht haben oder glücklich sein? Beides geht nicht.« Es lohnt sich, seinem Rat zu folgen und einander an dem Ort zu treffen, der jenseits von falsch oder richtig liegt.

> *»Veränderung ist am Anfang schwer, in der Mitte chaotisch und am Ende wunderschön.« (Nach Robin Sharma)*

Obschon ich dir eben die schlimmen Folgen der Unversöhnlichkeit geschildert habe, bin ich mir bewusst, dass die Abschreckung nicht unbedingt funktioniert. Frieden zu wählen ist leichter gesagt als getan. Es bedingt ja, dass wir uns mit dem eigenen Schicksal versöhnen, mitsamt dem Schmerzhaften und Traumatischen. Es bedingt, uns selbst wie auch den an uns schuldig Gewordenen zu verzeihen.

Das kann nicht von heute auf morgen geschehen, Heilung ist ein Prozess.

Der erste Schritt ist jedoch immer die Absicht, aus der Opferrolle zu treten. Dieser Entschluss wirkt wie eine Liebeserklärung an sich selber und macht es unseren Herzen einfacher, mitfühlend und milde zu werden.

Ist der erste Schritt getan, gilt es, wie bei jeder Transformation, dranzubleiben, so schwer das manchmal auch fallen mag. Das Üben von Achtsamkeit ist jetzt gefragt, sodass die gewohnten Opfermuster nicht länger wiederholt werden. Jedes Mal, wenn es uns gelingt, anders zu reagieren, fällt uns der nächste Schritt leichter.

Gerade wenn es ums Verzeihen einer an uns begangenen Untat geht, kann der allererste Schritt so schwerfallen, dass er beinahe unmöglich scheint.

Oft bremst ein Missverständnis die Einsicht in die Natur von Verzeihung. Eine weit verbreitete Fehlinterpretation behauptet, Verzeihung heiße, eine Schuld weißzuwaschen. Das ist natürlich nicht so. Missetat bleibt Missetat. Beim Verzeihen verzichtet man einzig darauf, dass die Verschuldung beglichen werden muss, auch nicht vergolten oder gerächt. Verzeihung verneint die eigenen Schmerzen nicht und wertet sie nicht geringer, als sie sich anfühlen. Wunden werden ernst genommen, respektiert und akzeptiert. Dabei wird ihre Heilung ins Zentrum gerückt.

Verzeihung bedeutet ebenfalls nicht, die Schuldigen weiterhin im eigenen Leben willkommen zu heißen, mit ihnen auszukommen oder sie gar zu lieben. Verzeihen ist nicht gedacht als ein Geschenk an den anderen, sondern vor allem als ein Liebesdienst an sich selbst, ein Beitrag zum inneren und äußeren Frieden, als ein wichtiger Akt der Selbstbefreiung aus dem Leiden.

Wichtig zu verstehen ist weiterhin, dass du nicht erst dann verzeihen kannst, wenn die Schuld beglichen worden ist. Ungerechtigkeiten, Verwundungen, Kränkungen und Schmähungen müssen nicht zuerst wiedergutgemacht werden, um Heilung zu finden. Du brauchst keine Entschuldigung für den Schmerz, den man dir angetan hat. Täter müssen keine Einsicht in ihre Schuld haben, damit du deinen Seelenfrieden finden kannst. Weder ein Vergeltungsschlag noch ein Racheakt sind nötig, um über eine Untat hinwegzukommen.

Ich bin mir bewusst, dass dies zunächst einmal verwegen klingt und Proteste auslösen kann. »Ich wurde verletzt/ beleidigt/traumatisiert, das kann ich doch nicht einfach so wegstecken.« »Nie werde ich vergeben können, was mir angetan wurde.« »Unrecht darf nicht unbestraft bleiben.« Solche Einwände sind durchaus nachvollziehbar – Entsetzen, Wut, Hass und Rachedurst sind natürliche und gesunde erste Reaktionen auf ein zugefügtes Leid. Diese Empfindungen entwickeln jedoch giftige Nebenwirkungen, wenn wir an ihnen haften bleiben. Das Nähren von Groll und Hass fördert keine Befreiung von Leiden, biegt kein Unrecht gerade. Im Gegenteil.

Buddha hat für diese Tatsache folgendes Bild gebraucht: »Groll mit uns herumtragen ist wie das Greifen nach einem glühenden Stück Kohle in der Absicht, es nach jemandem zu werfen. Man verbrennt sich nur selber dabei.« Mit Wut und Vergeltungsschlägen schaden wir uns selbst. Sie kosten uns Kraft und Nerven, rauben uns den Schlaf und schwächen unseren Körper. Zudem vermindern sie unsere Lebensfreude und verbittern uns. Statt zu heilen und innere Ruhe zu finden, tun wir uns wieder und wieder selbst weh.

Um dir genau das zu ersparen, lege ich dir hier die positiven Wirkungen des Verzeihens ans Herz. Entscheidest du dich zum Frieden, das kann ich dir versichern, setzt du die Heilung deiner Wunden in Gang und befreist dich aus dem Opferstatus. Du kannst deinen Seelenfrieden finden, bevor es zu spät ist. Du hast die Chance, jegliche Bitterkeit hinter dir zu lassen, ein bereinigtes und reueloses Altern zu erleben und geläutert zu sterben.

Den Frieden zu wählen, liebe Leserinnen und Leser, lohnt sich im Alter also ganz besonders. Deshalb sollten wir in jedem Fall verzeihen, und zwar sowohl denjenigen, die ihre Schuld einsehen, als auch jenen, die das nicht tun – so schwer uns dies auch fallen mag.

Natürlich ist es wunderbar und unserer Heilung förderlich, wenn diejenigen, die uns geschadet haben, ihre Schuld einsehen und die Untat bereuen; wenn sie sich entschuldigen, sich sogar um Wiedergutmachung bemühen und die Schuld begleichen. Ich würde dies als ein »Best Case«-Szenario bezeichnen, und wer das erleben darf, kann sich glücklich schätzen. Das Verzeihen fällt leicht; ein Heilungsprozess kann bald einsetzen, und es muss nicht lange dauern, bis der Schmerz abzunehmen beginnt.

Wir können aber auch Pech haben und einem weniger positiven Szenario ausgesetzt sein. Die Schuld wird von den Verursachern nicht eingesehen, gar zurückgewiesen, und sie beharren auf ihrem Recht. Das schürt den Groll, die Wunden schwären, und es kostet mehr Überwindung, den Entschluss zur Verzeihung zu fassen. Dementsprechend kann die innere Befreiung länger dauern, wobei die Heilung aber trotzdem gelingen kann.

Manchmal herrschen nicht nur auf der Seite der Täter, sondern auch auf derjenigen der Opfer Härte und Starrheit. Es wird verweigert, Verständnis für die Beweggründe und Sichtweisen anderer aufzubringen. Es kommt nicht infrage, ein Auge zuzudrücken, unterläuft jemandem ein Fehler. Verbissen wird auf der Schuldzuweisung herumgeritten.

Mangelndes Einfühlungsvermögen, Intoleranz, Stolz und Rechthaberei jedoch lassen im Groll erstarren, Bitterkeit nimmt Überhand. Das Beharren auf der Opferidentität fesselt das Herz und lässt es schlussendlich zum Gefangenen des Unglücks werden.

Der Entschluss, zu verzeihen, lohnt sich demnach im guten wie im schlechten Fall, wie es Marie von Ebner-Eschenbach vorschlägt: »Wir sollten immer verzeihen, dem Reuigen um seinetwillen, dem Reulosen um unseretwillen.« Einem Reuigen Mitgefühl und Verständnis entgegenzubringen, lässt Groll und Bitterkeit dahinschmelzen, und befreit uns aus dem Opferstatus. Unserem eigenen Frieden zuliebe den Hass auf den Reuelosen loszulassen, bringt den Heilungsprozess in Gang. So machen wir das Beste aus jedem Szenario und ernten uns ein friedliches Herz sowie ein friedvolles Alter.

Wenn du den Frieden wählst ...

Du widmest deine Aufmerksamkeit dem, was es noch zu heilen gibt. Was willst du noch bereinigen? Wo willst du dich entschuldigen? Was tut dir leid, unterlassen zu haben? Du akzeptierst, was geschehen ist.

Du bist dir selber gegenüber achtsam und überprüfst deine innere Einstellung zu deinen Verletzungen.

Du richtest deinen Fokus auf den Weg zur Wundheilung und zum Frieden statt auf die Frage der Schuld.

Du fasst den Entschluss, aufs Drama zu verzichten und dich nicht länger über Kleinigkeiten aufzuregen.

Du gibst dir Mühe, Sturheiten loszulassen, kultivierst Milde und Mitgefühl, dir und allen Menschen gegenüber.

Du »hörst mit den Ohren der Toleranz. Siehst durch die Augen des Mitgefühls. Sprichst die Sprache der Liebe« (Rumi).

Auf diese Weise lebst du in innerer Ruhe und schaffst dir ein friedliches Umfeld.

Dein Herz wird sanft und weich statt hart und verbittert.

Abschiedsgeschenk

» Wir können den Wind nicht ändern,
aber die Segel anders setzen.«
(Aristoteles zugeschrieben)

Wir sind am Ende des Buches angekommen. Nun bleibt mir nichts weiter übrig, als zu hoffen, dass ihr, liebe Leser und Leserinnen, auf eurer Weiterreise die Segel beschwingt den Windverhältnissen anpassen und stets den besten Kurs einschlagen werdet.

Bevor ich mich verabschiede, möchte ich euch aber noch ein letztes Geschenk mitgeben. Ich denke dabei an etwas Nützliches für den Fall, dass ihr in einen Sturm geratet und es schwierig wird, überhaupt den Kurs zu halten. Lasst mich zum Abschied also die »gute Fee« spielen und euch, wie in einem Märchen, drei »magische« goldene Nüsse schenken. Diese Goldnüsse haben es in sich, ihre besonderen Fähigkeiten gerade dann zu entfalten, wenn die Protagonisten der Geschichte Unterstützung brauchen.

Was sie entfalten, ist euch nicht unbekannt, wir haben diese Fähigkeiten im Buch schon besprochen. Es handelt sich um Achtsamkeit, Akzeptanz und Selbstliebe. Diese drei inneren Haltungen enthalten alles in sich, was wir bei Schwierigkeiten, Herausforderungen, Notlagen, Scherereien, Schmerz und überhaupt allem Unangenehmen brauchen, um die Lage zu meistern. Sie sind also eine Art Erste-Hilfe-Set.

> *»Wer den Hafen nicht kennt, in den er segeln will, für den ist kein Wind günstig.« (Seneca)*

Die Achtsamkeit bringt dir die Situation, in der du dich befindest, klar ins Bewusstsein und bietet damit die Voraussetzung, um zu entscheiden, welche Reaktion am angemessensten ist.

Zudem hilft dir Achtsamkeit, Distanz zu gewinnen, sodass du das Unangenehme nicht persönlich nehmen musst und im Drama endest. Nicht zuletzt bringt sie dich in Sicherheit auf dem festen Boden der Wirklichkeit und in die Schutzzone der Gegenwart.

> *»Navigation ist, wenn man trotzdem ankommt.« (Seglerspruch)*

Die Akzeptanz, das Erlauben der Situation, so zu sein, wie sie ist, ermöglicht es dir, das Beste aus ihr zu machen. Es fördert das Loslassen von dem, was nicht länger angemessen ist und dir schlecht dient. Du wirst frei, dich auf Lösungen zu fokussieren.

> *»Es ist nicht immer der Wind schuld,*
> *wenn Boote wackeln.« (Seglerspruch)*

Selbstliebe garantiert, dass du bei allem, was du entscheidest und tust, geduldig, mitfühlend und liebevoll mit dir umgehst. Sie erlaubt dir, deine Bedürfnisse ernst zu nehmen und dir selber treu zu bleiben.

Im Wissen, liebe Leserinnen und Leser, dass ihr nun zur Hand habt, was euch erlaubt, Klippen zu umschiffen, verabschiede ich mich von euch mit einem Abrakadabra und einem Ahoi.

Nachweise

S. 54: Andreas Knuf: Ruhe da oben! Der Weg zu einem gelassenen Geist. Freiburg, Arbor 2010/2022, www.arbor-verlag.de

S. 63: Bettina Hielscher (29. März 2016), Lass den Widerstand los und das Leiden lässt dich los, https://www.bettinahielscher.de/loslassen-lernen/, letzter Zugriff: 17.07.2024

S. 101 u. 128: Ernst Ferstl, Denkwege – Aphorismen, © Ernst Ferstl, www.gedanken.at

S. 109: Gerhard Uhlenbruck, Spitze Spritzen – spritzige Spitzen, Ralf Reglin Verlag 2004, © Rechtsnachfolger von Gerhard Uhlenbruck

Anmerkung des Verlags:

Wir danken den Verlagen und Rechteinhabern für die Erteilung ihrer Abdruckgenehmigungen. Bei einigen Texten war es trotz gründlicher Recherche nicht möglich, die Inhaber der Rechte ausfindig zu machen. Honoraransprüche bleiben bestehen.

Zur Autorin

Jessica Wilker ist Psychologin und Religionswissenschaftlerin. Die gebürtige Schweizerin lebt seit Jahren in Großbritannien. Sie war lange in verschiedenen Bereichen psychologischer Beratung tätig, praktiziert seit vielen Jahren Buddhismus und ist Buchautorin zu spirituellen Themen.

© Verlag Herder GmbH, Freiburg im Breisgau 2025
Hermann-Herder-Str. 4, 79104 Freiburg
Bei Fragen zur Produktsicherheit wenden Sie sich an
produktsicherheit@herder.de
Alle Rechte vorbehalten
www.herder.de

Umschlagkonzeption: Gestaltungssaal, Rohrdorf
Umschlagmotiv: © Alexandra Hofbauer, Gestaltungssaal
Vignetten im Innenteil: Alexandra Hofbauer, Gestaltungssaal
Satz: Arnold & Domnick, Leipzig

Herstellung: GGP Media GmbH, Pößneck
Printed in Germany

ISBN Print 978-3-451-60126-2
ISBN E-Book (EPUB) 978-3-451-83494-3